Fortune Message

天秤座への贈り物
ジーニー

THE GIFT FOR LIBRA

宝島社

VOICES INSIDE A LIBRA

天秤座の心の声をのぞいてみましょう

均衡のとれたものは、美しい

押せ押せだけじゃ恋はできない「大人のつき合い」をしましょ？

皆の意見がそうならば、私は「間（あいだ）」を取ろうかな？

La Vie

愛することは、私の使命

どんな人とでもうまくやれる
自信があります
だって「人が好き」
だから

その時々で、
好きなものって
変わりません？

笑っているからって、
それが本心だとは
思わないほうが
いいかも（笑）

en Rose
（薔薇色の人生）

無駄なことに労力を
費やすのは嫌です

すべてのものには
ベストなバランスが
あると思う
服も、人との関係も、人生も。

天秤座のあなたへ──

まず最初に
1つ質問します。

あなたが人生で
本当にしたいことは何ですか？

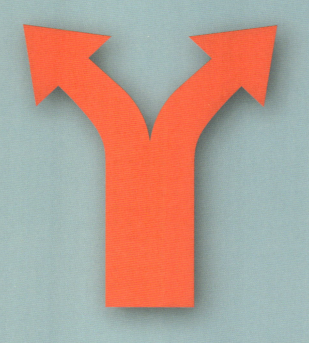

DEAR LIBRA
親愛なる天秤座のあなたへ　──はじめに──

　あなたは今日、鏡や窓に映る自分の姿を何回、確認した
でしょうか？　もしかするとその回数は、ほかの人よりも
多いかもしれません。なぜならあなたは「他人にどう見ら
れているか」ということをとても意識しているからです。
それは決してナルシストだとか、人に良く思われたいから
ということではありません。

　あなたは「調和」を大切にします。何かが偏っている状
況には違和感を抱くのです。例えば困っている人が視界に
入ったら、その「不穏な状況」を敏感に察知し「どうした
の？」と声をかけるでしょう。そして調和に満ちた空気に
戻るようにフォローします。また会食の場がぎくしゃくし
ていたなら、率先して会話を盛り上げ、雰囲気を和らげよ
うとするはず。そんなあなたが自分自身の立ち居振る舞い

や言動が、何らかの不調和を生み出していないかチェックするのは、当然のことと言えるのです。

あなたの意識は常に外に向いています。その分、周りを思いやることに一生懸命になって、自分のことがおろそかになってしまうことがあるかもしれませんね。

そこで冒頭の質問を投げかけました。あなたが本当にやりたいことは何ですか？　いろいろな事情、例えば周囲の期待や置かれている立場など、すべてを取り払った時に、あなたが「手に入れたいもの」は何でしょう？

もし答えが浮かばなかったなら、この本を読みながら改めて考えてみてください。必ずあなたの人生は、今よりもっと輝きますよ。

ジーニー

THE WORLD OF
A LIBRA
天秤座の世界

そもそも天秤座って
どんな星座？
それを知るためにこの世界にある
「天秤座にまつわるもの」を
探しに出かけましょう。

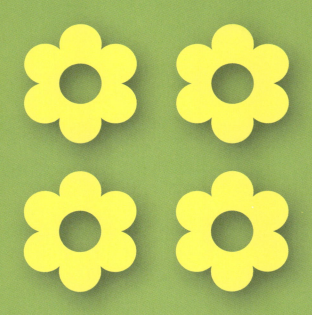

お花畑

目を閉じるとすぐに見えてくる……
色とりどりの花が咲いていて
青い空に白い雲がゆっくり流れる
そっと耳を澄ませていると
小鳥の声や小川のせせらぎも聞こえる
天秤座はそんな世界にかつて住んでいた
すぐ近くにあるのに、とても遠いところ

ファッション

もう時間なのに、洋服が決まらない
「ごめんね、ちょっと遅くなります」
手元に好きな服がいっぱいあるのに
どれも違う、何かが違う
今の気分にぴったりな色を見つけたい
これって……出会いの予感?

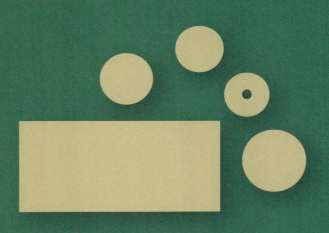

お金

お金はもちろん大切だし、大好き
でもお金は気まぐれに飛び去ってしまう
だから、時々お金が嫌いになります
何年経っても、お金は難しいなあ
恋愛と同じくらい難しい
しっかり学ばなくっちゃ！

プレゼント

街で素敵な物を見つけると
「これはあの人に似合いそう」と思って
ついついプレゼントを買ってしまう
そして天秤座の部屋のあちこちには
人からの贈り物が大事に置いてある
あげるのも幸せ、もらうのも幸せ

色違いのマグ

同じ形で色違いのアイテムが2つ
並べてみるとどちらもかわいくて、決められない
人生ってそんなに単純じゃないし
人の心もお天気しだいで変わるもの
でも、好きなものをいっぱい見つけるのが
天秤座にとっては大きな喜び

部屋

素敵な部屋で1人はもったいない
うちの居心地がいいならうれしいな
よかったら泊まっていってね
誰かが持ってきたお菓子も飲み物もある
分かち合いの精神に満ちた天秤座は
そんな気楽なおつき合いが心地いい

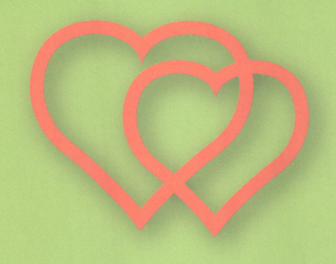

恋愛

好きな人がいない日なんてない
たった今は恋人がいなくても
遠い世界には尊敬する人がいるし
身近な世界には笑顔の素敵な人がいる
天秤座は好きな人に支えられている
人を見る目は自信があるけれど
やっぱり恋愛はレッスンの連続……

CONTENTS

天秤座への贈り物
THE GIFT FOR LIBRA

2 **VOICES INSIDE A LIBRA**
天秤座の心の声をのぞいてみましょう

6 **DEAR LIBRA**
親愛なる天秤座のあなたへ ──はじめに──

8 **THE WORLD OF A LIBRA**
天秤座の世界

18 **THE ELEMENTS OF A LIBRA**
天秤座ってどんな星座？

20 **CHAPTER 1**
天秤座の いいところ

22 天秤座の心の中
30 天秤座の心の裏
32 天秤座の愛の形
36 天秤座の仕事と夢
40 天秤座の人との関わり方
42 天秤座のお金と豊かさ
44 天秤座に幸運が訪れる 3つの予兆

48 **CHAPTER 2**
天秤座のための 「心の処方箋」

50 「将来が不安……」
焦燥感に駆られる時

51 「誰にも愛されていない」
孤独感にさいなまれる時

52 「あの人に振り向いてほしい」
好きな人ができた時

53 「なぜか疲れる……」
人づき合いで緊張が続く時

54 「どうしてあの時……」
後悔が消えない時

55 「人生、どうせこんなもの」
何をする気にもならない時

56 「恥ずかしい……」
仕事でミスをしてしまった時

57 「心が張り裂けそう」
つらい別れを体験した時

58 「心がヒリヒリする」
人に傷つけられた時

59 「どうしても決めかねる」
2つの道で迷う時

60 天秤座をもっと 元気にしてくれるもの

66 **CHAPTER 3**
天秤座の魂を癒やすワーク

- 68 「幸せの答え」はあなたの中にあります
- 70 『過去を癒やす』ワーク
- 74 『未来を見つける』ワーク
- 78 『天秤座のための』ワーク

82 **CHAPTER 4**
天秤座の運命のターニングポイント

- 84 運気は「新月」と「満月」を節目に流れが変わります
- 88 2015-2022 新月・満月カレンダー
- 90　1番目の新月／1番目の満月
- 91　2番目の新月／2番目の満月
- 92　3番目の新月／3番目の満月
- 93　4番目の新月／4番目の満月
- 94　5番目の新月／5番目の満月
- 95　6番目の新月／6番目の満月
- 96　7番目の新月／7番目の満月
- 97　8番目の新月／8番目の満月
- 98　9番目の新月／9番目の満月
- 99　10番目の新月／10番目の満月
- 100　11番目の新月／11番目の満月
- 101　12番目の新月／12番目の満月

102 **CHAPTER 5**
天秤座を取り巻く12人の天使

- 104 人間関係に悩んでいるあなたへ
- 106 牡羊座の相手
- 107 牡牛座の相手
- 108 双子座の相手
- 109 蟹座の相手
- 110 獅子座の相手
- 111 乙女座の相手
- 112 天秤座の相手
- 113 蠍座の相手
- 114 射手座の相手
- 115 山羊座の相手
- 116 水瓶座の相手
- 117 魚座の相手

- 118 巻末特典
  GENIE'S PHOTO HEALING
  願いを叶えるフォトヒーリング

- 124 **FUTURE OF A LIBRA**
  天秤座の未来 ──おわりに──

- 126 星座境目表
- 127 著者紹介

THE ELEMENTS OF A LIBRA

天秤座ってどんな星座？

7番目の星座

12星座は人の一生にたとえられますが、7番目の天秤座は成人し、自己が確立した段階です。他者と積極的に関わろうとします。

風のエレメンツ

西洋占星術では万物は火・地・風・水という4つのエレメンツ（元素）で成り立っていると考えます。天秤座は「風」に属します。

男性星座

12星座を能動的な「男性星座」と、受動的な「女性星座」の2種類の性質に分けた場合、天秤座は「男性星座」に属します。

活動宮に属する

12の星座をその性質によって3つに分類した3区分(活動・不動・柔軟)の考え方では、天秤座は行動的な「活動宮」になります。

守護星は金星

天秤座を守護する星は金星です。愛と美を司り、人を愛することや美しいものを愛でること、そしてお金を意味する星でもあります。

天秤座の星座記号は、左右に物を載せて釣り合う天秤を表したものと言われています。

CHAPTER 1

心の中に眠る真実のあなた

天秤座の
いいところ

空が高く澄み渡る頃、天秤座はこ
の世に生を受けました。この世界で
「あなたにしかできないこと」を果た
すために……。それはいったい何な
のか、探ってみましょう。

天秤座の心の中

人との間に愛と喜びを生み出す人

　天秤座のあなたを「嫌い」という人はとても少ないでしょう。あなたは常にどんな人にも気を使い、優しさを発揮しているからです。言葉や何気ないしぐさなどから、相手が自分に何を求めているのか、瞬時に理解します。そして欲しているものを過不足なく、相手に与えることができるのです。

　例えば誰かを訪ねる時に持っていく手土産。あなたはいろいろなことを考えて「これぞ」というものを選び抜きます。

　相手の好みや健康状態、流行や季節、色合い、食べやすさ、人数、その場のムードに合っていて、なおかつ自分の個性も出せて、相手がちょっとうれしくなるような……。これを、相手が負担を感じない予算の範囲内でセレクトするのが天秤座です。「そんなことは当たり前」と思うかもしれませんが、ほかの星座には「最寄の駅で買う」「自分が好きなものを買う」という人もいるのです。そしてそういう人が買ってきた贈り物に対して「自分だったら買わないかも……」と思いつつも「ありがとう」とにこやかな笑顔で受け取るのがあなたなのです。

　そんなあなたの気遣いに、皆が感謝しています。あなたは、人に認めてもらうことで自分の存在価値を実感できるため、ど

んな場所でも、どんな人が相手でも、進んでつき合います。き
っとあなたの中には「話せばどんな人とでもわかり合える」と
いう信条があるのでしょう。

　ただ手土産ぐらいならば構いませんが、日常生活で気を使い
すぎて本意ではないのに「YES」と言ってしまうこともあるか
もしれません。また相手を思いやるあまり、頑張りすぎてしま
うことも……。それが続くと「自分ばかりが我慢している」と
不満を抱くようになります。

　でも周りの人はあなたが思っている以上に、あなたがしてく
れていることに気づいていて、感謝もしているのです。

　その証拠に、これまで「ありがとう」と言われた出来事を思
い出してみてください。きっと数えきれないほどあるでしょう。
その数は、ほかの誰にも負けないかもしれません。

　そしてあなたはまた、人にも「ありがとう」を伝えられる人。
相手から優しくされた時の感謝の思いを、ずっと忘れずに覚え
ているからこそ、人に優しくできるのです。

　こうしてあなたの周りには愛と調和、そして感謝に満ちた人
間関係が広がっていくのです。

天秤座が持っている
1つ目の宝物

世界を塗り替える
「色とりどりの絵の具」

天秤座の心の中

　天秤座が持っている素晴らしい能力の1つに「卓越した美的センス」があります。ひとたび街を歩けば、あなたはいろいろなことを思うでしょう。「この壁にもっと明るい色を塗れば素敵な空間になるのに」「あの人のスカートならこんな形のトップスが合いそう」「ここにちょっとパセリの緑があったら、もっとおいしく見えるかな」……。

　それもそのはず、あなたは色に関して絶妙なバランス感覚を持っているからです。眠らせておくにはもったいない才能ですから、ぜひ、いろいろな場面で活かしましょう。

　ファッションやメイク、食事やインテリア、仕事のちょっとした資料作りにも反映できるかもしれません。あなたが素敵な色に包まれて立っているだけで、それを見る人々の心は華やぐのです。「ヤセて見えるから……」なんて黒い服ばかり着るのはもったいない。もし人間が全員、機能性だけを重視するようになったら、この世界はとても殺風景になってしまいます。あなたはそんな世界に生きたくはないはずです。

　この世界がよりカラフルで、美しい場所になるよう、あなたが率先して変わっていってください。

天秤座が持っている
2つ目の宝物

どんな人ともつながる

「魔法の携帯電話」

「たくさんの人と仲良くなりたい」。天秤座のあなたはそう願っているはずです。そのため誘われれば気軽に出かけて行き、初めて知り合う人とも、積極的に連絡先を交換するでしょう。

あなたは相手の年齢や性格、そして自分が置かれている立場を瞬時に理解して、ぴったりな立ち位置を見つけ出すことができます。礼儀をわきまえ、出すぎないほうがいい相手、堅苦しくなるよりフレンドリーに振る舞ったほうが喜んでくれる相手、甘く見られないようピリッとした部分も見せるべき相手……さらにTPOに応じても、自分の立場を変えられます。

こうした優れた社交センスは、星空が天秤座に与えた生きるための大切な知恵。その結果として得た、いろいろな人とのつながりの証が携帯電話の中にあります。きっとたくさんの連絡先、メッセージ、写真が保管されているはず。

「○○さん？　知ってるよ。連絡先を教えようか」と言う時のあなたは輝いています。あなた自身、自分の存在意義をひそかに感じる瞬間なのでは？　あなたの携帯電話はただの電話ではありません。この先もたくさんの人とのつながりを生み出し、あなたの自信の源となる「魔法の道具」なのです。

天秤座が持っている
3つ目の宝物

考えたことをストックする
「知識の引き出し」

天秤座の心の中

　天秤座は勉強熱心な星座です。興味の範囲はとても広く、政治経済、文学や科学、環境問題、ファッションやエンターテインメント……。ネットニュースには一通り目を通しますし、「詳しく知りたい」と思えば専門書を読むなどして、一歩踏み込んで知識を吸収することに貪欲です。

　天秤座が素晴らしいのは、そうして得た情報だけでなく、それを元にして自分なりに考えたことなどをまとめたノートやメモが、頭の中の引き出しにきちんと整理されていることです。そのため必要な時に必要な知識をちゃんと取り出すことができます。突然「これについてあなたはどう思う？」と話を振られても、すぐに自分の考えを述べることができますから、周囲からは「なかなかやるな」「賢い人だな」と評判でしょう。

　また、入ってきた情報や考えを鵜呑みにせず、自分できちんと検証します。自説を押し通したりもせず、異なる意見であってもきちんと耳を傾け、「一理ある」と思えば、それを認める柔軟さも持ち合わせているのです。

　そのため議論の場に天秤座のあなたがいるかいないかで、その話し合いの価値は大きく変わってくるでしょう。

29

天秤座の心の裏

何もかも「理想の型」に当てはめたくなる

　天秤座のあなたは「こうなりたい」という理想のイメージを、具体的に持っているのではないでしょうか。例えば「○歳までに結婚したい」「こんな働き方がしたい」「こんなイメージで見られたい」「自分に合うパートナーはこんな人」……。

　でも１つ、考えてみてほしいのですが、そのイメージはいったいどこから来たのでしょう？　どこかで見た雑誌の記事？親や友達の言葉、一般常識や社会の風潮などに影響されたものでは？　そうして作り上げた「幸せの型」にうまく自分を同化させることこそが「幸せ」だと思い込んでいないでしょうか。

　そうした幸せの型に自分を押し込めようとすると、不思議なことが起こります。途中まではうまくいくのに肝心なところで破綻したり、大事な何かを失ってしまうのです。「こんな場面ではこう振る舞って当然」というあなたの型通りに友人や恋人が動いてくれないことにイライラしたり、あるいはせっかく型通りの自分になれたのに、なぜか心が満たされなかったり。

　実は出所不明の幸せの型は、見ず知らずの「誰かの型」であって、あなたのものではありません。あなたはそれよりもっと素晴らしいものを手にできるのです。

例えば憧れのブランドの服を着ることは、とてもうれしいことです。でも、それはどこかの誰かが「素敵だ」と思ってデザインしたものを身にまとっているだけにすぎません。そこから1歩、先に進むならば、本当に自分が素敵だと思う形を一からデザインしてみてはどうでしょうか？　天秤座のあなたにはそれができますし、「やってみたい」という欲求が眠っているはずです。

　「最近、何をやっても満たされない……」と感じているのなら、あなたもそろそろ自分だけの幸せの型をオーダーメイドで作り上げる時に来ているのでしょう。

　どんな人生を自分は幸せだと感じるのか、知っているのはあなたの心。それを実現した自分をイメージしてみてください。肩ひじ張らず、ありのままでいられ、愛と安らぎに満ち、「自分のことが大好き」と言えるような状態があなたの幸せです。

　そしてあなたの心は常に変化するということも忘れないでください。つまり何を幸せと感じるかは、その時によって変わるものなのです。10年前にあなたが思い描いていた幸せと、今のあなたが思い描く幸せは違っていていい。むしろ違っていて当然ですし、その差こそがあなたの「成長」の証なのです。

天秤座の愛の形

自立した人間として認め合う、フェアな関係

　恋はあなたにとって生きる原動力のようなもの。何かにとき
めいている時のあなたは、いつも以上にイキイキしています。
仕事にも人づき合いにも意欲的になり、自分磨きにも精が出ま
すから、どんどん魅力的になっていくでしょう。

　そんなあなたが求める恋は、独立した「1人の人間」として、
互いのパーソナリティーを理解し、認め合うような恋です。相
手の色に染められるなんてもってのほか。どちらかが主導権を
握り、もう一方が付き添うような形も本意ではありません。

　自分はどういう人間なのか、日々何を思い、何を考えて生き
ているのか。そういったことを分かち合いながら、自分が持っ
ていないものは相手からもらい、自分が持っているものは相手
にあげる。そうして共に成長していけるような関係性を求めて
いるのです。そんな2人が、周りの家族や友人たちにも認められ、
皆と関わり合いながらこの社会で生きていけたら、このうえな
い幸せではないでしょうか。

　過去の恋がうまくいかなかったのは、そのバランスがうまく
とれない相手だったか、あなた自身、本当はどんな形の恋を求
めているのか知らずにいたのかもしれません。それを理解すれ

ば、必ず理想のパートナーに巡り会うことができます。

　ただし、1つだけ覚えておいてほしいのは、恋愛とは「相手と張り合うこと」ではないということです。あなたは「相手に認められたい」という思いが強まると、無意識のうちに挑戦的な態度をとることがあるようです。仕事に打ち込んで自分の有能さを証明しようとしたり、人脈の広さを自慢したり……。逆に相手にそういう部分を誇示されるとカチンと来て攻撃したり、批判したりしてしまうのです。その結果、本気で愛した人と傷つけ合うような悲しい展開をたどることも。

　そういった行為はすべて「自分は認められていないのではないか」という不安から来るもの。あなたはそのままで十分に愛されるべき存在です。何の資格を持っていなくても、友達の数が少なくても、理想の体型でなくても、そんなことは関係ないのです。もしも相手がまっすぐにあなたを「好きだ」と言ってくれたなら、まずそのことを信じましょう。いい部分だけを見せるのではなく、足りない部分も認め合い、助け合うことで深まるのが愛です。このことを覚えておけば、次に体験する恋は素晴らしいものとなるはずですよ。

1人の時は…
常にときめきを追いかけている

　天秤座にとって、恋愛・結婚は人生でもっとも大事にすべきものです。いつでも、どんな相手とも恋愛スタンバイOKの状態のはず。そのため、時に三角関係や元恋人とズルズルと関係を続けてしまうなど、厄介な恋愛に足を踏み入れてしまうことも。とはいえ恋をしていない時のあなたは心がくすんでしまいがち。芸能人でもいいので常に誰かにときめいていましょう。そうすれば現実の恋も始まりやすくなります。

好きな人ができると…
雷に打たれたようにその人しか見えない

　あなたが運命の相手と出会うと、すぐにわかるはずです。たいていの場合は一目惚れです。相手からアプローチされて少しずつ人となりを理解して始まるような恋もありますが、あなたにとっての特別な絆は、出会った瞬間にすでに決まっていると言っていいでしょう。その場合、相手はあなたほど敏感ではない可能性があるので、あなたのほうからアプローチしていくことになりそうです。

天秤座の愛の形

カップルになると…
キャッチボールで絆を強めていく

つき合い始めても、すぐにベタベタするような関係にはなりません。むしろ距離を保ちつつ、少しずつ信頼を積み重ねていくことに専念します。「これってどう思う？」と会話のキャッチボールを繰り返していくことが大切です。相手の人となりを知るだけでなく、自分の思いを受け止めてくれる相手の能力、そして自分がどんな球を相手に投げたくなるかなど、1つひとつ確かめていきましょう。

結婚すると…
良好なパートナーシップを築く

あなたの場合、結婚に至る出会いは明らかに特別で、その相手と出会うと短期間でゴールインする可能性が高いでしょう。ただそこに至るまでに、いろいろなドラマはありそうですが、それも含めて恋の醍醐味を味わえそう。結婚後、しばらくは2人の生活を楽しむことになるでしょう。子どもができると子育てに熱心になりそうですが、パートナーとの関係もいつまでも愛にあふれているでしょう。

天秤座の仕事と夢

人との関わりの中で頭角を現す

　あなたは人が好きなはずです。どんなに人づき合いでストレスを抱えたとしても、自分以外存在しない空間で生きるよりは人波にもまれて生きたい、そう思うのではないでしょうか。

　そのためあなたは働くうえでも「人」との関わりを重視します。例えば交渉する仕事、誰かの世話をする仕事、人を笑顔にする仕事、会話をする仕事、いずれも、人と接する仕事なら生きがいを感じられるでしょう。

　こうした職場なら「相手のしてほしいことを察知する」というあなたの力は存分に活きるはず。どんなに厄介なクライアントが相手でも、スッと懐に入り込んで信頼を得ることができるでしょうし、逆に相手の隙を見抜き、商談を成立させることも難なくできるはず。交渉や調整が必要なビジネスの場面ではあなたは無敵と言っていいでしょう。

　そのうえ天秤座は、それ以外のことも人並み以上にこなせます。常に職場全体に目配りしているため、どこかで欠員が出ればさっとフォローに回ることができますし、自分の仕事をしながらもほかの人の会話を常に聞いているので事情通。どんな役回りもとっさにこなせる「オールラウンドプレイヤー」です。

ただ１つだけ気をつけてほしいのは、あなたが何でもできすぎてしまうことです。ある程度、力がついてくると気がつくはず。「全部、１人でやったほうが早いのでは？」と。人に頼むよりも、あなたが一から十までやったほうが、断然スピーディーで、クオリティーも高いのです。ただこの発想は少し危険。何もかも１人で抱え込んでパンク寸前になったり、「ほかの人と給料が同じなんて納得いかない」と不満を募らせることも……。

　これを防ぐためにも「自だけで物事を進めたい」という衝動は抑えるようにしてください。そして多少指示をするのが面倒であっても、あなたの仕事を人々にシェアするように心がけましょう。それによって、あなたは素晴らしいものを手に入れます。それは助け合いから生まれる連帯感。周りの人は何かを成し遂げたことに達成感を得るでしょうし、会社は予想以上の結果が出て潤います。あなた自身も１人でやっていた時には得られない不思議な充実感で心が満たされるはず。

　仕事はただお金を生み出すものではなく、経験を積むチャンスでもあります。それを１人で独占せず、皆と分かち合う時、もっとも大きな利益を生むことになるのです。

デーク別　天秤座の天職

人とのつながりを実感できる仕事

　天秤座は無味乾燥な事務処理、1人で閉じ込められて行う作業、その先に「人の顔」が見えず、人とのつながりを感じられない仕事は、すぐに嫌気が差してしまうでしょう。

　ただ「天秤座」にもいろいろなタイプがいます。それを見分ける占星術の指標が「デーク」。1つの星座を生まれた時期で3つのグループに分けたもので、特にどんな性質を強く持っているのかを見ていくことができます。ここからそれぞれの才能や適性、向いている職業をより詳しく分析していきましょう。

第Ⅰデーク
「美」の天秤座　　　　　（09／22～10／02生まれ）

　とりわけ「世界を美しく彩る」ことに抜群のセンスを発揮するのがこの時期生まれの人たちです。特に「この人物を素敵に輝かせるにはどうしたらいいか」ということを瞬時に見抜く目を持っているので、ヘアスタイリストやメイクアップアーティスト、ネイリストといった美に関する仕事は天職となりやすいでしょう。自分の中に美の絶対基準があるので、この生まれの人の手にかかれば、どんな人も美しく見違えるように変身するはずです。

　また化粧品の販売などもおすすめです。センスと巧みな話術の相乗効果で、素晴らしい業績を上げるでしょう。

天秤座の仕事と夢

第Ⅱデーク

「創造」の天秤座　　（10／03～10／12生まれ）

　美しいものを自らの手で「作り出す」ことに力を発揮するのがこのタイプです。芸術に関することすべてに適性があり、並々ならぬ才能を発揮するでしょう。手先も器用なので、グラフィックデザイナーやイラストレーター、写真家など、何らかの道具を用いて、自分だけの美しい世界を生み出すことができる職業に向いています。映像作品の制作や、ウェブサイトのプロデュースなどでも力を発揮し、新しい挑戦をし続けていくはずです。

　この第Ⅱデーク生まれの人が作り出したものは、多くの人を感動させ、大きなムーブメントを生み出すことになるでしょう。

第Ⅲデーク

「扇動」の天秤座　　（10／13～10／24生まれ）

　ヴィジュアルだけでなく、そこに言葉も組み合わせて、人の心や世の中を動かすような「何か」を生み出していく人です。

　もっとも適職となるのは、出版や広告関係。ファッション、ライフスタイルの提案など……。この生まれの人が演出する「センス」は多くの人の心を捉えるはず。これらの仕事に就けば、次々とトレンドを生み出し、ビジネスにつなげていけるでしょう。

　また作家や作詞家として、美しい言葉を紡ぐことに光る才能を見せる人もいます。作品の映像化など、そこからさらに派生する商品を生み出す人も出てくるかもしれません。

天秤座の人との関わり方
天性のコミュニケーション能力で生き抜く

　これまでの人生経験を通じ、あなたはたくさんの人づき合いのコツを学んできたはずです。「こういう相手には強く出てはダメなんだ」「この場面では引いたほうがいい」など……。

　そのためあなたは、どこまで自分を押し出し、どこまで相手を立てるのか、その力加減がとても上手。１対１の状況だけでなく、大勢の人が集まる場でも「派手に目立つわけではないけれど印象に残る」ように自己アピールをすることができます。そのため、あなたに一目置く人は多いでしょう。

　ただし「うまく立ち回る」ことばかり考えていると、肝心なことを見落としてしまう可能性があります。「感じはいい」けれどその先の関係になかなか進めなかったり、人の好さを利用されて終わってしまうことも……。

　あなたは人との衝突を避けるあまり、相手の領域に深く踏み込もうとしない側面があります。それは表面的には良好な関係に見えますが、誰にとっても「いい人」で終わってしまい、そこから発展していかないのです。パーティーで楽しく話す相手と、休日に家に招きたい相手は、やはり違います。その間にあるラインを越えることができるかが、あなたの課題。

そのためには時に「強い印象」を残すことも必要です。その場の空気が乱れたとしても、あなたの心からの思いを伝えられたなら、その人とはきっと特別な関係になるはず。

　もう1つ、覚えておいてほしいのは、人間関係は「受け取る」「与える」という双方向で成り立っているということです。この両方が機能していない関係が長続きすることはありません。遠からず、どこかで破綻します。特に天秤座のあなたは「人に与える」ばかりで、相手から「受け取る」ことがおろそかになりがち。人に「してあげる」ことばかり優先して、「こうしてほしい」という欲求を抑え込んでいませんか？

　そもそも「どんな人ともうまくつき合いたい」というあなたの願いはとても素晴らしいものですが、やはり限界があります。なぜなら人間はすべて違う価値観に基づいて生きているからです。どう考えても「合わない」人に無理に合わせようとして、あなたが無理をしたり、本当のあなたを見失ってしまっては意味がありません。大事なのは「誰とでもうまくつき合う」ことではなく「うまくつき合える相手を見極める」こと。大丈夫、あなたならしっかり見抜けるはずですよ。

天秤座のお金と豊かさ
ちょっとしたコツで衝動買いは才能に変わる

　あなたはお金が大好きなのではないでしょうか？　それは決して恥ずかしいことではありません。お金があれば、素敵なものが手に入ります。おいしいものを食べることもできますし、おもしろい体験もできます。あなたはお金の価値をよく知っています。ですからお金のほうも、あなたに使ってもらえると、とてもうれしいでしょう。

　ただしあなたの課題は、「稼ぐ」力と「使う」力で言えば、後者のほうが優位になりやすい傾向があること。とはいえこれは、ちょっとした心がけと工夫で解決できるはず。

　まず、無駄遣いを抑えるためにいくつかのルールを作ってみてはどうでしょうか？　例えばこういったものです。

　「一目惚れしたアイテムはその日に買わず、1週間後にまだ欲しいか確認してから買う」「自分の定番色を決めて、それに合わせられないものは買わない」「給料日から2週間は買い物に出かけない」「数年後も大事にできるような物だけを買う」。

　要は「衝動買いを防ぐ」ということです。こうしたことをちょっと心がけるだけで、無駄な支出はグンと減るでしょう。

　というと「自分は散財の傾向があるのか」とがっかりするか

もしれませんが、そうではありません。

　実はあなたは世の中にある「素敵なもの」を見抜く力が人よりも高いだけなのです。つまり「人が欲しくなるようなもの」をいち早く見つけ出す才能があるということ。この力をうまく使えば「稼ぐ」力も高めることができます。

　例えば、かわいいものを見つけたら、そのアイテムのどんな部分を「かわいい」と感じたのか、きちんと分析してみる。そこで得たヒントを活かせば、手作りの商品をネットなどで発表して、ファンを獲得することができるかもしれません。ヒット商品を見て「何が受けているのだろう」と考えれば、自然と世の中の仕組みやニーズが見えてくるでしょう。それを仕事に活かせば業績も上がり、収入もアップするはず。

　またあなたは、お金に替えられるスキルをいくつも持っています。例えばその人に似合う洋服を見つけてあげたり、贈り物選びのアドバイスをしたり。「あなたと一緒だといい買い物ができる」ということが友人間で評判になれば、いつしかそれが仕事につながるかもしれません。そうして信頼で結ばれた人がお金になるチャンスを運んできてくれることもあるでしょう。

天秤座に
幸運が訪れる
3つの予兆

「これが起きたら、こんな出来事がある」というように
運命には、すべからく「前ぶれ」があります。
天秤座の運命のサインはどのように訪れるのでしょう？

GOOD SIGN 01

「髪の色を変えたい」と思い始めたら、新たな魅力が目覚める時

　「自分の見せ方」にこだわる天秤座にとって、髪形は特別なものです。髪の毛はあなたを彩る天然のアクセサリーのようなもの。もちろんケアにも抜かりはないでしょう。

　そんなあなたが「髪の色を変えたい」と思うようになるのは、大きな出来事です。なぜならあなたの中には多分「自分に似合う髪色はこれ」という定番がすでに決まっているはずだから。

　それを変えたいという気分になるのは、恋愛や仕事を含めて、人生の流れが変わりつつある前ぶれです。周りの目は気にせずに、自分らしい生き方を模索したいと思い始めているのではないでしょうか。新しいあなたに似合うのはどんな色でしょう？　思いきって変えれば、人生があなたの望む方向に動き出すはずです。

GOOD SIGN 02

強制的な引っ越しは
今後、公私共に
新展開が起こる前ぶれ

　家の契約期限が近づいている、近隣住人とのトラブルに遭った、一定期間、別の職場に通わなければならなくなったなど、何らかの事情で「引っ越ししなければいけない状況」に見舞われるのは、運命が強制的な変化を起こし、あなたを無理やりにでも新しい人生に向けて後押ししているサイン。そうでもしないと、あなたはいつまでも現状のまま、変わるタイミングをつかめないのです。

　突然の引っ越しを不満に思わず、人生が変わるチャンスととらえて。近々、望む会社への転職やヘッドハンティングなどの誘いがあるかも。もちろん、人間関係も大きく入れ替わるはず。

　引っ越す際は不要なものは思いきって一気に手放しましょう。あなたの人生の第2章を、気分良く始められるはずですよ。

GOOD SIGN 03

「独り立ち」を考え始めるのは真の望みを自覚したサイン

　現状に不満を抱いているわけではないけれど「起業してみたい」「フリーランスで働いてみたい」と思うようになったらいい変化です。また家族とうまくいっているけれど「1人暮らしをしたい」と思い始めるのも吉兆。どんな時も、まずは相手（周囲）の意向ありきで物事を考えがちなあなたに独立心が芽生え、「自分1人の力で何かをやってみたい」という気持ちになるのは、とても大きな意味を持つ出来事です。自分が本当は何をしたいのか、やっと見えてきているのでは？　心の底からの満足が得られる毎日がまもなくスタートするでしょう。

　ただし、焦らないで。やみくもに始めて失敗すると自信を失ってしまうので、じっくり準備を整えたうえで実行に移しましょう。

CHAPTER 2

あなたの心がうずく時に……

天秤座のための
「心の処方箋」

笑ったり、怒ったり、ドキドキした
り、不安になったり……。人間は、
毎日、いろいろな感情を体験します。
そんな揺れ動く心をなだめて癒やす、
「言葉」のお薬です。

CASE 01

「将来が不安……」 焦燥感に駆られる時

　例えば大切な人が目の前から去って行った時。通帳の残高を見て真っ青になった時。家で1人でご飯を食べている時。あなたは将来に対して、漠然とした不安を抱くことがあるかもしれません。「この先どうなるかわからない」「自分には味方がいない」「たった1人で生きなければいけない」……そんな風に思い始めると、不安は止まらなくなります。

　でも安心してください。困っている時には必ずあなたをサポートしてくれる「誰か」を天が遣わしてくれます。

　ですから将来のことでこれ以上悩まないようにしましょう。その時々で縁のあった人が、あなたのことを助けてくれます。あなたは必ずその人を見つけられますし、その人と出会ったら、相手はあなたの真の素晴らしさを理解してくれますから、心配はいりません。今この瞬間の貴重な時間を不安で真っ黒に塗りつぶしてしまわないように。

「誰にも愛されていない」
孤独感にさいなまれる時

　天秤座のあなたは、人に囲まれているのが基本の状態なので、1人になった時に普通の人よりもさびしさを感じやすいところがあるかもしれません。あるいは、大勢の人の輪の中にいるにもかかわらず「さびしい」と感じてしまうことも……。そういう孤独感を打ち消そうとして、どんどん人と会う予定を入れてしまいますが、それは逆効果。

　そもそもさびしさを感じるのは、人間として自然なことです。こんな時は人づき合いのほかにも楽しめることがたくさんあるということを思い出してください。読書でも、映画鑑賞でも、料理や手芸でも……。「人と会う」ことはそれらと同列であるということを忘れずに。心が元気になるまで、しばらくはそうしたものに夢中になってみましょう。きっとその最中は1人だと思いますが、決してさびしくはないはず。「1人＝さびしい」という思い込みを取り除きましょう。

CASE 03

「あの人に振り向いてほしい」
好きな人ができた時

　あなたの人生において、恋は欠かせない喜びの1つです。でも「相手に好きになってもらいたい」という気持ちが強くなると、無意識のうちに「相手が喜びそうな自分」を演じてしまう傾向があります。それはある程度のところまではうまくいきますが、一生続けるのは苦しいでしょう。第一、本来のあなたではない「偽りのあなた」が愛されたとしても、果たしてそれは幸せなのでしょうか？

　あなたが求めるべき恋愛は「相手に同調しよう」とするのではなく「互いの違いを認め合おう」というスタンスから始まるものです。そうすれば「違い」は「魅力」になります。その違いが多ければ多いほど、相手はあなたに飽きることなく、どんどん好きになっていくはず。最初からそういう恋をするつもりで素顔を見せるようにすれば、お互いを尊重し合える、心地いいつき合いが始まるでしょう。

CASE 04

「なぜか疲れる……」
人づき合いで緊張が続く時

　人生における「人間関係」のウエイトがもっとも高いのが天秤座。そのため、常に誰かのことを考えながら生きているはず。

　でもそういう生き方をしていると、あなたのエネルギーが少しずつ奪われていくことに気づいていますか？　身体を動かさなくても、相手のことを「考える」だけでエネルギーは浪費されてしまいます。「ちょっと最近、疲れてきたな」と感じる時は、人間関係を整理すべきというサイン。

　特に毎週のように人と会う予定が入り、休みが取れなくなっているなら、一度、スケジュールを見直して。あなたが「一緒にいると元気になれる」と感じる人とのつき合いを優先し、それ以外の人とは距離を置くようにしましょう。「嫌われたらどうしよう」と不安になるかもしれませんが、あなたのことを本当に大切に思っている人は、そんな風に考えません。むしろそれで離れていった人は、そこまでの縁だったと考えて。

CASE 05

「どうしてあの時……」
後悔が消えない時

　良かれと思ってしたことが結果的に実を結ばなかった……。そんな時のあなたは、自信を失い、立ち直る術が見つからないかもしれませんね。

　こんな時は、記憶を巻き戻して、冷静に振り返ってみてください。その行動は誰の考えを基準に決断したのでしょう？もしかすると周囲の意見を優先していませんでしたか？　少しつらい経験ですが、これは「自分の内面の声に従うこと」の大切さを教えてくれているのです。

　あなたが「正しい」と思ってとった行動なら、どんな結果になろうとも反省こそすれ、後悔はありません。あなたが後悔する時、決まって口にするのは次の言葉です。「なぜあの時、自分が思った通りにやらなかったんだろう」。——雑念に振り回されるのは止めて、自分の意志を貫く時、あなたの中から不思議な自信が湧き出してくるでしょう。

CASE 06

「人生、どうせこんなもの」何をする気にもならない時

　天秤座のあなたは「こうありたい自分」のイメージを、かなり明確に持っている人です。でも自分の描いている理想の人生と、現実の人生のギャップが大きくなりすぎると、一気にやる気が失せてしまいます。特に天秤座の人はやすきに流れやすい一面がありますから、勝てない勝負なら最初からせず、勝負そのものから目を背けてしまうことも……。

　それを防ぐためには、一度に大きなことを成し遂げようとしないこと。まずは毎日の中に「あなたの理想に近いもの」を１つひとつ、増やしていきましょう。例えば理想の部屋に置いてあるものをイメージして、それに近いものを購入してみる。理想の自分が言いそうなセリフを、実際に口にする。理想の自分が買い物をしそうな店に立ち寄ってみる。

　こうしていくうちに、現実のあなたが理想のあなたを生き始めます。しだいにやる気も湧いてくるはずです。

CASE 07

「恥ずかしい……」
仕事でミスをしてしまった時

　あなたは人にどう思われるかを非常に気にしますから、どんなに小さな失敗でも「明日はもう誰にも会いたくない」と思うほど落ち込んでしまうでしょう。そもそもその失敗は、完全にあなた１人のミスだったのでしょうか？　そうならば「あの時こうしていれば……」という言葉を「今度はこうしよう」に変えて、あとはあれこれ悩むのは止めて気持ちをリセット。次回いい仕事をすれば、あなたの名誉は挽回できますから、心配いりません。

　誰かのせいで、あるいは不可抗力的に生じたミスであっても、相手を恨んだり、「実はこんな事情があったんです」なんて言い訳をして回るのは止めて。周りの人々はこういう時の態度で、あなたが本当に信頼に足る人物かどうかを見ているのです。「下手に言い訳をするより、反省している態度を見せたほうが何倍も好印象を与えるのに……」。もしもあなたが第三者としてそんな自分を見ていたら、きっとそう思うのではないでしょうか。

「心が張り裂けそう」
つらい別れを体験した時

　人とのつながりを重んじる天秤座のあなたにとって、もっともつらいのが別れです。例えば、どんなに愛し合っている幸せな夫婦にも、いずれ永遠の別れが訪れます。愛する人に先立たれることよりもつらいことは、そうありません。愛し合う者同士がお互いに与える、一番大きな試練が「別れ」なのです。

　あなたが相手を愛していた分だけ、別れのショックは大きくなります。つまり今、あなたが感じている悲しみは、あなたに根づいていた愛の深さと同じなのです。

　その人はあなたの目の前から姿を消してしまったかもしれません。でもその代わりに手に入れたものがあるはず。それは一緒に過ごした楽しい日々の思い出を、時にそっと取り出して楽しむというとても幸せな時間です。それはすべてあなたの心の中に大事にとっておける、一生消えることのない宝物。あなたはそんな何物にも代え難い宝物を持っている人なのです。

CASE 09

「心がヒリヒリする」
人に傷つけられた時

　相手が意図的であったとしても、そうではなくても、心優しいあなたにとっては「人を傷つけるような行為をする人間がいる」ということは、信じられないのではないでしょうか？

　天秤座はどんな人が相手でも「話せばわかり合える」と信じています。そのため「なぜそんなことをする必要があるのか」と人間の闇の部分を見たような気がして、落ち込んでしまうことも。

　とはいえ、世の中の人々はあなたほど人間を信頼していないのも事実。ならば、そこまで思い悩む必要はありません。「相手はなぜ、私を傷つけるに至ったのか」を分析して、あなたの今後の人づき合いに活かしましょう。

　その際、「相手の言葉は必ずしも本心とは限らない」という点に注意して観察してください。いずれにしても相手に対する怒りに支配されることのないように気をつけて。気持ちを整理して、できるだけ早く前進しましょう。

CASE 10

「どうしても決めかねる」
2つの道で迷う時

　天秤座は「優柔不断」と言われることの多い星座です。いろいろな人の意見を聞くうちに、「あっちもいい」「これもいい」と、天秤がゆらゆらと揺れ動いて定まりません。

　でも、1つだけ言えることがあります。あなたが迷っている時は、ほぼ間違いなく「自分の本音とは違うことに惑わされている」時です。例えば自分はAの選択肢を採りたいのに、ほかの人が「こちらのほうが条件がいいよ」「後々、良かったと思うはず」「こちらを採るなら応援する」など、周りから様々な横やりが入ってきているのでは？

　大事なのは、外野ではなくあなた自身の心の声に耳を澄ませることです。あなたにとっての幸せがいったい何なのか、ほかの人には決してわかりません。どんなに説明したとしても、あなたに関するすべての事情に通じている人は、この世であなた1人だけだということをどうぞ忘れずに。

Cheer Up! for Libra

天秤座を
もっと元気に
してくれるもの

「何だか調子が出ない……」そんな時に、
ぜひ試してみてほしい、ちょっとした魔法。
あなたが元気になれば世界が幸せになります。

\\ Cheer Up! //

目を閉じて、潜在意識の無駄な情報を手放す

優れたアンテナを持っているあなたは、
いつもいろいろな世界に意識が向いています。
新製品、話題のお店、あの子の近況、
趣味や習い事、社内の噂話……。
でも、時には外の世界ではなく、
あなたの内面に目を向けてみましょう。
誰にも邪魔をされない場所で、
アロマやお香などを焚いてリラックス。
そしてそっと目を閉じてみてください。
きっといろいろな情報や光景が湧き上がるはず。
その中から、本当にあなたを幸せにしてくれる人、
グループ、情報源、場所はどれか見極めて。
そのヴィジョンが浮かび上がった時の
あなたの感情がヒントになります。
本当に大事なものがわかったら目を開けて。
不要な情報が力を失っていきますよ。

行き先を決めずに
小さな冒険をしてみる

あなたは常に周囲に気を配っています。
でも、自分の本当の考えや意見、
やりたいことなど、本心を抑えていると、
だんだん元気がなくなってしまいます。
そんなあなたにおすすめなのは
「日常脱出の小さな冒険」です。
丸1日、1人で好きなことだけを
して過ごしてみてはいかが？
携帯電話を家に置いて、ほんの少しの
お金だけを持って、さあ出かけましょう！
家を出て、まずどの方向に
足を踏み出しますか？
……それもあなたの自由です。
この小さな冒険の中で、
きっと自分の本当の気持ちを
再確認できるはずですよ。

Cheer Up!

五感をフルコースで満たす
幸せプランを考える

あなたをとびきりハッピーにしてくれるのは、
五感のすべてを大好きなもので満たす時です。
例えば「お気に入りのソファがあって
素敵な音楽が流れるカフェで
薫り高いお茶を飲みながら、
カラフルでおいしいスイーツを食べる」時は
触覚、聴覚、嗅覚、視覚、味覚、
……すべてを楽しめていますね。
「大好きな香りの入浴剤を入れたお風呂に浸かり
深夜ラジオを聴きながらバスタイムを楽しんだ後は、
湯上りに大好きな色のやわらかなバスローブをまとい
おいしい水を1杯飲む」というのでもOK。
こんな風に、五感をフルコースで
心地いい状態にしてあげられる
あなただけのプランを考えてみて。
それを考えるだけでも、きっと元気が出てくるはず。

鏡の中の自分自身に
話しかけてみる

あなたに元気を与えてくれる
お守りアイテム、それは鏡です。
無機質でスタイリッシュなものより、
陶器や木製など、温かみのあるもの、
アンティークな雰囲気のものがおすすめ。
夜のくつろぎの時間、その鏡に
あなたの姿を映してみてください。
鏡はパワーを吸収してくれる力があると信じ、
日中に浴びた負のエネルギーを
吸い取ってもらいましょう。
また、自分自身を見つめているうちに
いろいろな思いが浮かぶはず。
そうしたら鏡に向かって自問自答してみてください。
自然と本当の心があらわになり、
だんだん落ち着いてくるのを感じられるはず。
鏡はあなたの「親友」のような存在なのです。

Cheer Up!

「してほしい」から 「してあげる」に切り替える

疲れている時、何かに悩んでいる時。
誰かに何かを「してほしい」と考えがちです。
例えばマッサージしてほしい、グチを聞いてほしい、
慰めてほしい、抱きしめてほしい。
でも、すぐにそれが叶えられることはまれ。
そんな時、あなたにぜひ実践してほしいのは
あなたから人に何かを「してあげる」こと。
話したそうにしている人に声をかける。
道行く人にちょっと親切にする。
差し入れをしたり、お土産を買って帰る。
誰かのために料理を作るのもいいですね。
すると不思議なことに、あなたの
疲れは吹き飛んでしまうのです！
どんなにつらい状況下にあっても、
「人を思いやる」というあなたの使命を
全うすれば、それだけで心は満たされるのです。

CHAPTER 3

もっと知りたい、私という宇宙

天秤座の
魂を癒やすワーク

「自分はどんな人間なんだろう？」
「本当はどうしたいんだろう？」
一番大切なはずの自分自身のことが
わからなくなってしまうのはなぜ？
それを探るためのお手伝いをします。

「幸せの答え」は
あなたの中にあります

　あなたは今日、どんな人と会いましたか？　どんな会話をしましたか？　1つずつ思い出そうとすればきりがありませんね。

　でもあなたはこのところ「ある人物」と疎遠になっているのではないでしょうか。

　それは……ほかならぬあなた自身。

　今日「あなたのこと」について思いを巡らせたことは、どれぐらいあったでしょうか。ほとんどの人は、そんなことを考えるまでもなく1日を過ごしているはずです。

　僕たちは外側の世界で起こることに対応するのに手一杯になっていて、本来、一番身近な存在であるはずの「自分」について考えることをないがしろにしてしまいがちです。その結果、どんなことが起こるのでしょう？

　「自分のことがわからない」「どうしたいかわからない」……。こういった状態で行動を起こすと、不安や迷いしか生まれません。それが本当に自分のしたいことなのか否か、確かめることさえできないからです。

　こんな時、おすすめなのが自分の思いを「書く」ことです。静かな1人の時間を確保して、自分の内側で感じている思い、

ふと浮かび上がってきたイメージを「書く」ことによって、今、どんなことを思っているのか、可視化することができます。

　とはいえ、いきなり自分の思いを書き出すのはなかなか難しいかもしれないので、ここではそのきっかけとなるような「書き込み式ワーク」を用意しました。

　それぞれの質問に答えを書き込んでいくうちに、あなた自身のことがわかるようになっています。

　難しく考えず、ワクワクと夢を広げ、子どものような気持ちで書いてください。きっと「すべての答えは自分の中にあったんだ」ということを実感できると思います。

　なかにはこうしたワークをやるのを「恥ずかしい」「誰かに見られたら……」と思う人もいるかもしれません。ですが、この本はそもそも『あなたへの贈り物』ですから、人に見せるわけではありません。心の中で答えを「考えてみる」だけでも十分、その効果を実感できるでしょう。

　また心境の変化が訪れた時、人生が大きく変わった時には、再度、このワークをやってみると「あなたにまつわる意外な真実」「新しい何か」が見つかるかもしれませんよ。

自分のことを好きになれない時に……
『過去を癒やす』ワーク

「自分が嫌い」「自信が持てない」……。そうした感情は幼少期の体験が引き金になっていることが多いもの。それを癒やすために、以下の質問に答えを書き込んでください。

 子どもの頃、あなたが住んでいた世界はどのように見えていましたか？ 簡単な言葉で書き表してください。絵で描いてもOKです。

例／何が起こるかわからない冒険の世界
　　お母さんの愛に包まれた温もりの世界

子どもの頃に「もしかしたら、自分は人とは違うのではないか」と感じたのはどんな時ですか？ その場面を思い出して書き出してみてください。

例／給食を食べるのが遅く、教室に1人で残された時
　　人より手先が器用で折り紙をほめられた時

_____

_____

_____

_____

_____

_____

_____

_____

_____

_____

Q3

子どもの頃、大好きだった歌の歌詞を思い出して、その一節を書いてみましょう。思いつく限り、いくつ書いても構いません。

あなたは３つの質問にどのように答えましたか？
解説を読みながら、自分の答えを見直してみましょう。

A1解説

　これは今でもあなたの人間性を形作っている、大切なキーワードです。「温かく愛にあふれていた」と思うなら、あなたは「温かく愛にあふれたもの」を求めて生きる人になります。人生の節目で思い出すと、インスピレーションが湧いて大事なことがわかりますよ。

A2解説

　幼い頃に感じた「人との違い」は、今もなお息づくあなたの個性です。「給食を食べるのが遅かった」ならば「ゆっくりと１つひとつの物事の味を確かめながら進む」のが個性なのかもしれません。それがあなたの存在価値を深めてくれるものです。その出来事を思い出し、そこにいた相手と経験そのものに心から「ありがとう」と言ってみましょう。

A3解説

　これはあなたの心を動かす「不思議な言葉」です。時々、言葉を噛みしめながらつぶやいたり、ハミングしてみましょう。自分自身の声に、心の深い部分が癒やされることでしょう。

ジーニーからあなたへ……

　ここで書かれた答えは、あなたにとって少し意外なものだったのではないでしょうか？　「大人になるにつれ、心も身体も成長し、いろいろなことが変わった」と思っても、案外根っこの部分は当時のままだったりするのです。子どもの頃に失ったと思っていた何かが、実はあなたの中に今でも息づいていることに気づいた時、深く安心できるはずです。

やりたいことが見つからない時に……
『未来を見つける』ワーク

「自分が何をしたいのかわからない」「未来がモヤモヤしている……」そんな時には、このワークをしてみましょう。以下の質問に自由に答えを書き込んでください。

あなたは今、船に乗っているとイメージしてください。その船はどんな船ですか？　行き先はどこでしょうか？　一緒に乗っているのは誰ですか？　自由に書いてみましょう。

例／どんな船？：オールで漕ぐボート
　　行き先は？：誰も足を踏み入れたことのない未知の島
　　一緒に乗っているのは？：学生時代の男友達

どんな船？：
_____

行き先は？：
_____

一緒に乗っているのは？：
_____

今日は予定がすべてキャンセルになり、丸1日1人で自由に過ごせることになりました。財布にはお小遣いが1万円入っています。どんな風に過ごしたら幸せな日になると思いますか？ 自由にプランを書いてみましょう。いくつ案を出してもOKです。

例／気になっている海外ドラマを全話通して観る
　　隣町の日帰り温泉に出かけて、のんびり過ごす
　　憧れのヘアサロンへ行き、イメージチェンジをする

_____

_____

_____

_____

_____

_____

_____

_____

_____

あなたは別荘を持つことになりました。どんな場所に、どんな家を造りたいですか？ インテリアのイメージは？ 家具や内装、植物や動物、隣人の様子など、思いつくまま自由に書いてみましょう。

例／どんな場所？：暖かい南風が吹く海岸沿い
　　どんな家？：バルコニーがあり、すぐ海に行ける家
　　インテリアは？：アジアンテイストの家具で統一
　　このほかに欲しいものは？：4人以上で食事ができるテーブル、○○社のコーヒーメーカー、寄りかかれる大きな木、天蓋のついたベッド、大好きな犬が1匹

どんな場所？：

どんな家？：

インテリアは？：

このほかに欲しいものは？：

あなたは３つの質問にどのように答えましたか？
解説を読みながら、自分の答えを見直してみましょう。

A1解説

　ここに書かれた「行き先」は、あなたが今、目指している方向性を表しています。船の状態はあなたの心身のコンディションを、一緒に乗っている人はとても頼りにしている存在でしょう。

A2解説

　今、あなたが実現可能な範囲で手に入れたい「幸せの形」を表しています。たった１日の休暇と１万円で、ここに書かれた内容を現実にできるのです。思いきって実行してみては？　「幸せ」を手に入れることはそう難しいことではないんですよ。

A3解説

　別荘の様子が、あなたがいつかたどり着きたいと思っている「幸せ」のイメージです。自分の家ではなく、別荘であることがポイントです。家族や仕事などのしがらみのない状態で、自由にあなたが幸せを追求すると、この形になるのです。これを少しずつでも現実のものにするために今できることは何か、始められることはないか、考えてみましょう。

ジーニーからあなたへ……

　普段、人間は日常の出来事に追われて「目の前」しか見えなくなっています。それでは自分がどこに行こうとしているのかを見失ってしまうでしょう。その目的地とはあなたの「本当の幸せ」です。このワークを通じて、本当に大切な夢や幸せの形が見つかったはずです。心境に応じて変わることもあるので、繰り返し書いてみるのもおすすめですよ。

自分らしさを見つけたい時に……
『天秤座のための』ワーク

「自分の長所は何だろう？」「もっと自信を持ちたい！」という時は、このワークをしてみましょう。以下の質問に自由に答えを書き込んでください。

 子どもの頃にあなたが憧れていた「大人の世界」はどんな世界でしたか？　自由に文章や絵にしてみましょう。

例／夜遅くまで起きて、何かわからない楽しいことができる
　　メイクをして、キレイな洋服を着られる

今までに「人からの愛を感じた言葉・行動」を思い出してください。それを思いつく限り、書き出してみましょう。

例／失恋した時に、友達が「あなたを振るなんて見る目がない人よ」と言ってくれた

徹夜で仕事をしている時に、上司が何も言わずに差し入れをしてくれた

熱が出ている時に、母親がずっと面倒を見てくれた

Q3

新しい国が建国され、あなたがその代表に選ばれました。いい国にするために、まずどんな行動をとってみたいですか？ 思いついたものを書き出してみましょう。

例／すべての地域において戦争を禁止する
　　夫婦は必ず１日１回は愛を口にするよう法律で義務づける
　　海外旅行はすべて無料にする

あなたは３つの質問にどのように答えましたか？
解説を読みながら、自分の答えを見直してみましょう。

A1解説

　あなたが幼少期に見ていた「大人の世界」。そこにはあなたが憧れていた要素が隠れています。あなたがこれから実現していきたいことのヒントがそこにあるはず。ネガティブなイメージを抱いていた人は、それを克服するのがテーマであると考えてみて。

A2解説

　こんなに愛のこもった言葉をかけてもらえる「あなた」という存在の素晴らしさに気づいてください。そんな愛に支えられて生きてこられたことに感謝しつつ、その相手に何かひと言、伝えられるとしたらどんな言葉をかけるか、イメージしてみましょう。

A3解説

　ここにはあなたが今回の人生で体験してみたいこと、あるいはライフワークにしたいことのヒントが書かれています。もしも「福祉に力を入れたい」と思ったなら、あなたは人をケアするような何かに携わってみたいと考えているということです。

ジーニーからあなたへ……

　「周りの人と仲良くやっていこう」と考える天秤座のあなた。そのため他人に気を配るばかりで、一番大事な存在である「自分自身」のことを後回しにしてしまいがちなところがあります。このワークを定期的に行うことで「あなたらしさ」を再確認できるでしょう。また、今後やりたいことや将来的な使命も見えてくるはずです。

CHAPTER 4

月が導く、人生の転換期

天秤座の運命の
ターニングポイント

「月」から導き出したリズムに乗って
自然界と呼吸を合わせて生きれば、
「ツキ」に恵まれるようになります。
あなたにとっての「運の変わり目」
はいつ訪れるのでしょうか。

運気は「新月」と「満月」を
節目に流れが変わります

　西洋占星術において、月は「感情」を意味する天体です。

　月は約28日周期で満ち欠けを繰り返します。女性の身体のサイクルだけでなく、人の心もその移ろいゆく月に何らかの影響を受けているとしても、不思議ではありません。

　感情だけでなく運気もそうです。例えば、新月は願い事をするのに向いていると言われます。新月とは夜空で月と太陽が重なり、見えなくなる状態。そこからまた約14〜15日かけて月は満ちていくわけですが、これが「無から有が生まれる時」、つまり「願いが叶う時」と考えられてきました。

　実は日本人は、古くからこの願望成就法を実践していたということをご存知ですか？　古く日本で使われていた暦は新月を1日（朔日）とする太陰暦でした。この暦ではだいたい毎月15日くらいに満月を迎えます。

　そして日本人は「1日参り」「15日参り」といって毎月1日と15日は、神社に行ってお祈りする習慣がありました。まさに新月と満月の日ということになります。

　新月と満月は誰にとってもスペシャルなイベントです。毎月、巡って来るこれらの日を「運の節目」と考えて行動をしていけば、自ずとツキに恵まれる人になれるでしょう。

PHASES
OF THE MOON
月の満ち欠け

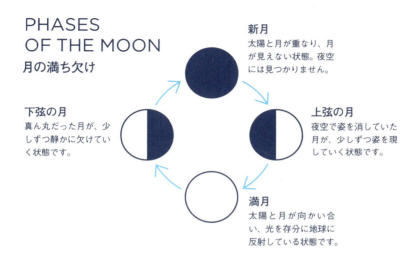

新月
太陽と月が重なり、月が見えない状態。夜空には見つかりません。

上弦の月
夜空で姿を消していた月が、少しずつ姿を現していく状態です。

満月
太陽と月が向かい合い、光を存分に地球に反射している状態です。

下弦の月
真ん丸だった月が、少しずつ静かに欠けていく状態です。

　新月や満月が起きる日は全員共通ですが、それが星座ごとにどんな影響を与えるか、より細かく見ることもできます。そこで本書88ページの「新月・満月カレンダー」ではそれぞれの新月・満月に番号をつけています。例えば2015年の09/13は、天秤座にとっては「12番目の新月」ですが、牡羊座にとっては「6番目の新月」となり、その番号からどんな出来事が起きやすいか、類推できるのです。ただしこの番号は新月・満月の回数を表したものではなく、同じ番号の新月・満月が続くこともあります。

　新月・満月になる当日は、特に重要なターニングポイントとなるので、その日に何が起きたか、何を考えたり感じたりしたか、ぜひ意識してみてください。またその運の流れは次の新月・満月まで続いていくので「その期間の過ごし方」として、心に留めておきましょう。

NEW MOON
新月　始める力

　新月には「新たに物事を始める力」があります。昔から「新月に蒔いた種はよく育つ」と言われていましたが、暗闇からだんだん月が姿を見せていく光景が、万物が成長していくさまと重ね合わされたのでしょう。仕事でも習い事でも、新しいことに挑戦したい時です。新企画を立ち上げるのもいいでしょう。また新月ごとに新しい課題を設け、それにトライしていくのもおすすめです。1年で12〜13段もの階段を上ることができるということになりますから、1年後に、自分の成長に驚くことになるでしょう。

　また新月から満月までの月が満ちていく期間はあらゆるものを「吸収する力」が高まります。そのため不足している栄養を補給するサプリメントやコスメを使うと、いつも以上に浸透していると感じられるでしょう。

新月の日にトライするといいこと

- 新しいことを始める
- 髪形や服装、メイクを変える
- 新たな知識を吸収する
- 小さな挑戦をする

FULL MOON
満月　手放す力

月が満ち、ピークに達して全面に輝くのが満月です。これは何かが極まること、成就することを意味します。新月の時に始めたことの結果が出たり、かけた願いが叶ったりする場合も。また満月の日は感情がたかぶりやすく、盛り上がってハイになる人もいれば、孤独を感じて少し落ち込む人もいるでしょう。とはいえ、いつもよりロマンチックなムードになりやすい時でも

あるので、恋愛に関して行動を起こすのにいい時です。

また月はここから欠けていきますから、いらないものをどんどん「手放す」サイクルに入ります。不用品を捨てたり、データを整理するだけでなく、手がけてきた作業や立てた計画の見直しも行いましょう。無理があったなら調整を。また負担を感じている人間関係があるなら、そっと距離を置き始めましょう。

満月の日にトライするといいこと

・ずっと言えなかった思いを告げる

・家の掃除や、いらないものを捨てる

・様々な計画の達成率を見直す

・半月の間の出来事を思い出し、感謝する

2015-2022 新月・満月カレンダー
あなたの転機がわかる

2015年	2016年	2017年	2018年
01 / 05　10番目の満月	01 / 10　4番目の新月	01 / 12　10番目の満月	01 / 02　10番目の満月
01 / 20　5番目の新月	01 / 24　11番目の満月	01 / 28　5番目の新月	01 / 17　4番目の新月
02 / 04　11番目の満月	02 / 08　5番目の新月	02 / 11　11番目の満月	01 / 31　11番目の満月
02 / 19　5番目の新月	02 / 23　12番目の満月	02 / 26　6番目の新月	02 / 16　5番目の新月
03 / 06　12番目の満月	03 / 09　6番目の新月	03 / 12　12番目の満月	03 / 02　12番目の満月
03 / 20　6番目の新月	03 / 23　1番目の満月	03 / 28　7番目の新月	03 / 17　6番目の新月
04 / 04　1番目の満月	04 / 07　7番目の新月	04 / 11　1番目の満月	03 / 31　1番目の満月
04 / 19　7番目の新月	04 / 22　2番目の満月	04 / 26　8番目の新月	04 / 16　7番目の新月
05 / 04　2番目の満月	05 / 07　8番目の新月	05 / 11　2番目の満月	04 / 30　2番目の満月
05 / 18　8番目の新月	05 / 22　3番目の満月	05 / 26　9番目の新月	05 / 15　8番目の新月
06 / 03　3番目の満月	06 / 05　9番目の新月	06 / 09　3番目の満月	05 / 29　3番目の満月
06 / 16　9番目の新月	06 / 20　3番目の満月	06 / 24　10番目の新月	06 / 14　9番目の新月
07 / 02　4番目の満月	07 / 04　10番目の新月	07 / 09　4番目の満月	06 / 28　4番目の満月
07 / 16　10番目の新月	07 / 20　4番目の満月	07 / 23　11番目の新月	07 / 13　10番目の新月
07 / 31　5番目の満月	08 / 03　11番目の新月	08 / 08　5番目の満月	07 / 28　5番目の満月
08 / 14　11番目の新月	08 / 18　5番目の満月	08 / 22　11番目の新月	08 / 11　11番目の新月
08 / 30　6番目の満月	09 / 01　12番目の新月	09 / 06　6番目の満月	08 / 26　6番目の満月
09 / 13　12番目の新月	09 / 17　6番目の満月	09 / 20　12番目の新月	09 / 10　12番目の新月
09 / 28　7番目の満月	10 / 01　1番目の新月	10 / 06　7番目の満月	09 / 25　7番目の満月
10 / 13　1番目の新月	10 / 16　7番目の満月	10 / 20　1番目の新月	10 / 09　1番目の新月
10 / 27　8番目の満月	10 / 31　2番目の新月	11 / 04　8番目の満月	10 / 25　8番目の満月
11 / 12　2番目の新月	11 / 14　8番目の満月	11 / 18　2番目の新月	11 / 08　2番目の新月
11 / 26　9番目の満月	11 / 29　3番目の新月	12 / 04　9番目の満月	11 / 23　9番目の満月
12 / 11　3番目の新月	12 / 14　9番目の満月	12 / 18　3番目の新月	12 / 07　3番目の新月
12 / 25　10番目の満月	12 / 29　4番目の新月		12 / 23　10番目の満月

〈表の見方〉　各新月・満月があなたにとって「何番目の新月・満月」に当たるのかを調べ、解説を読んでください。その時期に起こることを知り、アドバイスを実践すれば、自然と運の波に乗りやすくなります。また過去の新月・満月のタイミングに起きた事象が、今のあなたに影響していることもあるので、振り返ってみましょう。

2019年

01 / 06　4番目の新月
01 / 21　11番目の満月
02 / 05　5番目の新月
02 / 20　12番目の満月
03 / 07　6番目の新月
03 / 21　1番目の満月
04 / 05　7番目の新月
04 / 19　1番目の満月
05 / 05　8番目の新月
05 / 19　2番目の満月
06 / 03　9番目の新月
06 / 17　3番目の満月
07 / 03　10番目の新月
07 / 17　4番目の満月
08 / 01　11番目の新月
08 / 15　5番目の満月
08 / 30　12番目の新月
09 / 14　6番目の満月
09 / 29　1番目の新月
10 / 14　7番目の満月
10 / 28　2番目の新月
11 / 12　8番目の満月
11 / 27　3番目の新月
12 / 12　9番目の満月
12 / 26　4番目の新月

2020年

01 / 11　10番目の満月
01 / 25　5番目の新月
02 / 09　11番目の満月
02 / 24　6番目の新月
03 / 10　12番目の満月
03 / 24　7番目の新月
04 / 08　1番目の満月
04 / 23　8番目の新月
05 / 07　2番目の満月
05 / 23　9番目の新月
06 / 06　3番目の満月
06 / 21　10番目の新月
07 / 05　4番目の満月
07 / 21　10番目の新月
08 / 04　5番目の満月
08 / 19　11番目の新月
09 / 02　6番目の満月
09 / 17　12番目の新月
10 / 02　7番目の満月
10 / 17　1番目の新月
10 / 31　8番目の満月
11 / 15　2番目の新月
11 / 30　9番目の満月
12 / 15　3番目の新月
12 / 30　10番目の満月

2021年

01 / 13　4番目の新月
01 / 29　11番目の満月
02 / 12　5番目の新月
02 / 27　12番目の満月
03 / 13　6番目の新月
03 / 29　1番目の満月
04 / 12　7番目の新月
04 / 27　2番目の満月
05 / 12　8番目の新月
05 / 26　3番目の満月
06 / 10　9番目の新月
06 / 25　4番目の満月
07 / 10　10番目の新月
07 / 24　5番目の満月
08 / 08　11番目の新月
08 / 22　5番目の満月
09 / 07　12番目の新月
09 / 21　6番目の満月
10 / 06　1番目の新月
10 / 20　7番目の満月
11 / 05　2番目の新月
11 / 19　8番目の満月
12 / 04　3番目の新月
12 / 19　9番目の満月

2022年

01 / 03　4番目の新月
01 / 18　10番目の満月
02 / 01　5番目の新月
02 / 17　11番目の満月
03 / 03　6番目の新月
03 / 18　12番目の満月
04 / 01　7番目の新月
04 / 17　1番目の満月
05 / 01　8番目の新月
05 / 16　2番目の満月
05 / 30　9番目の新月
06 / 14　3番目の満月
06 / 29　10番目の新月
07 / 14　4番目の満月
07 / 29　11番目の新月
08 / 12　5番目の満月
08 / 27　12番目の新月
09 / 10　6番目の満月
09 / 26　1番目の新月
10 / 10　7番目の満月
10 / 25　2番目の新月
11 / 08　8番目の満月
11 / 24　3番目の新月
12 / 08　9番目の満月
12 / 23　4番目の新月

1番目の
新月

見た目を整え
自分らしく振る舞う

　何でも前向きに取り組める時期。習い事やダイエットなど、新しく始めたいことがあるなら、ぜひこの時期から行動を。月のパワーがあなたの魅力アップをサポートしてくれます。また、このところ服装や髪形がワンパターン化していると感じることはありませんか？　新しい服を買いに行く、コスメを一新してメイク法を変えるなど、おしゃれを楽しんで。外見に気を使うことが、何よりもあなたの輝きと自信につながります。

1番目の
満月

優雅な朝で
好スタートを切る

　朝の習慣を見直したいタイミング。せっかく身体にエネルギーが満ちる時ですから、バタバタと朝の準備をしてはパワーが半減。起きたら紅茶を1杯飲むなど、優雅な「自分ルール」を決めてみて。朝の過ごし方で、1日のやる気も変わります。また、持ち前の社交性を活かす機会も。イベントには積極的に参加し、多くの人に話しかけて。会話の際、表情豊かに、笑みを絶やさないよう心がければ、たくさんの収穫が期待できそう。

2番目の新月

足元を固めてトラブル回避

集中力が高まっているこの時期は、慎重に行動すると吉と出ます。準備を整えてから動くことで、間違いやうっかりミスの回避につながるでしょう。その結果、人から物や知識、金銭などを与えられる可能性も。また、身体の感覚を大切にしたい時なので、疲れが出たら何もしない時間を設けましょう。すべてを忘れてのんびり過ごせば、回復も早まります。特にアロマッサージは心も身体も最高の癒やしになるのでおすすめ。

2番目の満月

ポジティブに人との関わりを吟味

人間関係を見直したい時。華やかで誰からも好かれるあなたですが、広く浅い関係になりやすいのでは？　この時期、1人の相手とじっくり関わりを持つことがポイントに。もし一緒にいて自分が無理をしていると感じる相手なら、そっと距離を置いてみましょう。人づき合いのバランスを調整することで、驚くほど運気が上向きに。また、あなたの社交性やセンスの良さを仕事に活かせば、収入アップにつながる可能性も。

3番目の
新月

実体験で
価値観の刷新を

　情報を取り入れることで、あなたの世界が広がる時。本やインターネットで知識を増やすよりも、体験から得た情報のほうが多くの実りをもたらします。気になっていた物事に挑戦したり、普段関わることのない人と話したりすることで、生きた情報を取り入れましょう。特におすすめなのは、海外に関すること。旅行雑誌を読んだり、外国人とコミュニケーションをとれば、「こうだ」と思い込んでいた考えが一変することも。

3番目の
満月

積極的に
自分の世界を広げる

　普段、少し面倒くさがりなところがあるあなたですが、この時期は解放的な気持ちが高まりそう。心の赴くままに出かけて、どんどん自分のフィールドを広げましょう。また、1人よりも友人や兄弟姉妹など、近しい人と行動することでさらに充実した時間に。旅行をしたいと感じているなら、ぜひこの時期に。計画を立てる際は、洗練された雰囲気の場所を選びましょう。あなたらしいプランが思いつき、スムーズに話が進みます。

4番目の新月

今後のヒントは思い出の中に

この時期、家の中でのんびりとした時間を過ごすことがラッキーアクション。もし選択を迫られていることがあるなら、すぐに答えを出すのは止めましょう。1日かけてじっくり考えることで、冷静な判断が下せるはずです。また、家族と過ごす時間を増やすのも◎。幼い頃の話をして懐かしい気持ちに浸れば、いろいろなことを思い出すきっかけに。苦手意識を持っていることの原因が、思わぬところにあったと気づくことも。

4番目の満月

内にも外にも心地いい空間を

家の中に癒やしを求めたい時。かわいい香水瓶やアクセサリーなどを飾って、自分の好きなものだけをつめ込んだスペースを部屋に設けてみて。その空間があなたのとびきりの癒やしスポットになるはずです。また、親しい仲間と集まって、恋や仕事、将来の話などを語る会を開催してみても。友人とのつながりを再確認できると共に、気持ちもスッキリと軽くなるでしょう。その際、あなたが幹事役を買って出ると◎。

5番目の
新月

オリジナリティーで
幸運が舞い込む

「個性」がキーワードになる時です。出かける時には、「少し派手かな？」と思うくらいのファッションに身を包んでみて。人より目立つことで、あなたに様々なチャンスがもたらされるでしょう。特にロマンスには期待が持てそう。エレガントさを意識した振る舞いでアピールして。また、クリエイティブな能力が高まるので、創作活動全般にツキがあります。料理をしたり、写真を撮ったり、自分好みの方法で自己表現を。

5番目の
満月

楽しい計画は
自分で立てて

この時期おすすめなのは、「中心になって動く」こと。季節のイベントの計画を立てるなど、あなたが先頭に立って進めましょう。自分が心から楽しめるのはもちろん、皆の楽しそうな姿を見て、やりがいや人をまとめる喜びも感じられるでしょう。それが自信にもつながるはずです。また、参加者を集める際にはSNSを効果的に使用して。一斉に呼びかければ、普段なかなか会えない人が参加してくれて縁が復活する可能性も。

6番目の新月

「人のために」が自分に返ってくる

　人のことを考えて行動することがラッキーアクション。もしかするとあなたは、裏方の仕事を苦手だと感じている部分があるかもしれません。けれどこの時期は、意識して誰かのサポート役に回ったり、雑務を買って出てみたりしましょう。今まで知らなかったやりがいや、人に感謝される喜びを感じられるはず。占いなどのスピリチュアルな世界にふれてみたり、瞑想をして自分との対話の時間を設けるのもおすすめです。

6番目の満月

外側からの影響を受ける時

　この時期は、「自己管理」に目を向けましょう。お金の使い方から、効率的に作業を進める方法まで、日常のあらゆることの管理面を見直してみて。また、同調の気持ちが高まる時なので、環境や人から強く影響を受けます。誰と一緒に過ごすかが大切なポイントになりますから、ぜひ尊敬する人や憧れの人と食事をする機会を設けましょう。きっといい刺激を受けられます。センスのいい店を探すなど、場所選びにもこだわって。

7番目の新月

思いきった行動で
新しい世界を切り拓く

　友人やパートナーとの関係に、変化が起こりそうな時。長いつき合いが始まることもあれば、別れを選ぶこともあるでしょう。けれどこの時期起こった出来事は、すべてこれからのあなたにとって必要なステップ。前向きに捉えましょう。また、何かと「ほどほど」を好んでしまうあなたですが、この時期は「いきすぎかな？」と思うくらいの貪欲な行動が幸運を引き寄せます。きっといつもよりワクワクする展開が待っていますよ。

7番目の満月

共に過ごす人を
選択したい時

　あなたに心強い協力者が現れるかもしれません。目標に向かってまっすぐ進めば、きっと誰かが手を差し伸べてくれるはず。この時期は1人でいるよりも、ぜひ誰かと一緒に楽しいひと時を過ごしましょう。性別を問わず、日頃から親しくなりたいと思っていた人に連絡をとってみて。受け身の姿勢はNG。デートの誘いから仕事の打ち合わせまで、思いきって行動に移したことは、成功率アップにつながります。

8番目の新月

あらゆることにこだわりを持つ

不動産やお金に関する願いをかけましょう。引っ越しを考えている人は、この時期に動き始めると、理想の物件との出会いを引き寄せやすくなります。また何であれ、「ここは譲れない」というこだわりを大切に。この時期、妥協は禁物ですから、じっくり考えて納得のいくものを選んで。また、人から思わぬプレゼントをもらえる可能性もあるので、期待してOK。家計簿をつけたり、ジムやエステなどに通い始めたりしても◎。

8番目の満月

好きな物で満たされて

身の回りの物を見直したい時期。間に合わせで買った物や不要品は捨て、自分が本当に欲しい物に買い替えましょう。その際は、値段よりも心地良さなどの「質」に注目して。じっくりと選んだ物たちは、あなたを心から幸せな気分にしてくれるはずです。また、そのこだわりは食にも。少しリッチな食事や、自分が心から食べたいと思う物をチョイスして。親しい友人を誘えば、お腹も心も満たされて、大満足の1日に。

好奇心に任せて
軽やかに動く

　何かを学ぶことで得るものが多い時期。あなたが今気になっていることや、詳しく知りたいと思っているものはありませんか？　この時期、興味を引かれたものに、あなたの可能性を広げるきっかけが潜んでいるかもしれません。あれこれ考えず、自分の直感に従って動きましょう。特に、通信教育や語学学習を始めたい人には追い風が吹くタイミングです。また、旅に出るのもこの時期がおすすめ。視野が広がるはずです。

思いつきが
幸運を引き寄せる

　フットワークを軽くしておきたい時。何気なく思いついたことを実行してみたり、ふと頭に浮かんだ人に連絡をとったりしてみても◎。また、「遠くへ行きたい」という気持ちが湧き上がってくることも。時間もお金も余裕がないという場合は、旅行雑誌をめくって外国に思いを馳せるだけでも、チャンスを引き寄せられます。この時期、運気アップのポイントは、古くなった下着の買い替え。気持ちも前向きになるので試してみて。

10番目の新月

生活の中に成功のカギを探す

生活の中で、豊かな暮らしのヒントを見出すタイミングです。例えば、料理、洗濯などの家事、コツコツ続けてきた趣味のスキルなどが、思わぬ収入につながる可能性もありそう。また、同性異性にかかわらず、今後共に歩んでいくパートナーを得たい時期。なるべく1人ひとりの人と深く関わる時間を大切にしてください。困った時は、年長の男性に相談を。人づき合いや仕事のことなど、役立つアドバイスを与えてくれそうです。

10番目の満月

理想の自分への歩みを固める

仕事とプライベートの調整をしたい時。最近、家族や恋人、友人……そんな大切な人たちと過ごす時間が取れていない、などと感じていませんか？ この機会に、ワークライフバランスを見直してみましょう。また、これまでを振り返って、理想の自分に近づけているかどうかの確認を。もしズレを感じているなら、何が原因なのかを探ってみて。家族との憩いの時間に、そのヒントがあるかもしれません。家族に連絡をとるのも◎。

11番目の新月

ひらめきを形にして人を喜ばせる

クリエイティブな活動にツキがある時。この時期のあなたは、不思議といろいろなアイデアが湧いてきそう。それを実際に形にしてみると、自分も人も喜ばせるものになるでしょう。例えば、オリジナルの味つけをした料理を作ってみたり、おもしろい写真を撮ってみたり。それをブログなどで発信すれば大きな反響を得られそうです。またこの時期、たとえ小さなことであっても人と協力して行うことで、成功率がアップ。

11番目の満月

ありのままの自分でいられる時間を

感情がたかぶるこの時期には、誰かと一緒に思いきりアクティブに活動するのがベスト。友人たちを誘ってアミューズメントパークに出かけたり、パーティーを企画したりするのがおすすめです。子どものようにはしゃいで、心から楽しい時間を過ごせるでしょう。もし1人でのんびりしたいなら、新しい服のコーディネートを考えてみたり、メイクの研究をしたりも◎。より自分を魅力的に見せる方法を発見できるはずですよ。

12番目の新月

楽しみながら身の回りの整理を

部屋の掃除をするのに適したタイミング。普段外見には気を使っているけれど、実は部屋が汚い……なんてことはありませんか？ お気に入りの音楽をかけて、掃除してみましょう。リズムに乗って動けば、意外と楽しめるはずです。掃除用具の購入の際は、ぜひドラッグストアで。あなたのワクワクした気持ちを高めてくれますよ。またこの時期は、資格の取得やスキルアップなど、仕事に結びつく願い事をかけるのにも最適。

12番目の満月

意識的に身体をリセット

自分の身体のメンテナンスをしたい時。最近、不規則な食生活をしていたと感じるなら、この時期は思いきり身体を労りましょう。意識的に野菜を摂ったり、健康志向の食品を選んだり。デトックスにも最適な時期ですから、1食をスムージーに置き換える、ジュースクレンズで体内を一掃するなどもおすすめです。また、おしゃれのポイントは足元に。靴下やストッキングで華やかさをプラスすれば、運気が上向きに。

CHAPTER 5

どんな人からも、何かを学べる

天秤座を取り巻く
12人の天使

人生において、もっとも悩みが生じ
やすいのは、やはり人間関係でし
ょう。周りの人とどんな関係を育み、
学びを得ていけるのか……。星のア
ドバイスに耳を傾けてみましょう。

※ここで掲載している星座の区分は、大まかな目安です。生まれた
年によって星座の境目は異なります。

人間関係に悩んでいる
あなたへ

　この世界には様々な人間がいます。友人、恋人、家族、同僚
……年齢も、性別も、育った環境も異なります。そして皆、こ
れまでに培ってきた価値観に基づいて生きています。

　ですから、衝突したり、すれ違って当たり前です。でも、だ
からこそ「通じ合える」部分を見つけられたら奇跡的です。喜
びで飛び上がりたくなるでしょう。また努力の末に「わかり合
えた」と感じたら、その絆はかけがえのない財産となります。
人間関係に悩んでいる人は「今、自分は素敵なものを手に入れ
るプロセスにあるのだ」と考えてみてください。

　もちろんどんなに頑張っても、わかり合えずに終わる人もい
ます。とはいえ「あの人が悪いのだ」などと決めつけないでく
ださいね。たまたま今、あなたと生きる世界が違っているだけ
なのですから。何も言わず、静かに距離を置きましょう。

　もしかしたらこれから先の未来に「自分と異なる価値観の相
手」を必要とする場面が訪れるかもしれません。その時には、
ぜひその人のことを思い出してあげましょう。

　あらゆる人間関係を円滑にするヒントを1つ、お伝えします。
それは「相手は自分を映し出す鏡である」と理解することです。

あなたが「嫌いだな」と思う人がいるなら、その「嫌い」と感じる部分があなたの中にもあるのです。例えば「あの人は自分勝手だから嫌い」という場合は、あなたの中にも「自分勝手に振る舞う要素」が、少なからず存在しているのです。だからこそ、相手のその部分に対し「配慮がない」「もっとこうしたらいいのに」といちいち気になってしまうのですね。同様に、誰かがあなたにひどいことを言ってきたならば、それはあなたではなく、その人の中にある同じ部分に文句を言っているのです。

この法則を応用すると、人間関係を改善することができます。なぜかぎくしゃくしてしまう相手がいるなら、相手の中に隠れた長所を1つでも探してみるようにしてください。その途端、相手とあなたの関係に変化が訪れますよ。

どんな人も、自分に大切なことを教えてくれる天使なのだ、とイメージしてもいいでしょう。12星座ですから、地上には12タイプの天使がいるということになります。皆、自分の得意分野で力を発揮しつつ、足りない部分は助け合いながら暮らしています。あなたの周りには、どんな天使たちがいますか？　彼らとのつき合い方のヒントを探っていきましょう。

牡羊座の相手 03/21〜04/19生まれ

♈ この人から学べること

　天秤座のあなたにとって、牡羊座は「自分にないものを持っている」まぶしい存在かもしれません。自分の意志と直感を信じて、まっすぐ目標に突き進む牡羊座。人の意見を尊重するあまり、はっきりと決断することが苦手なあなたに「誰かの意見に従うより、自分の考えを優先して決めれば後悔しない」ことを教えてくれます。悩んでいる時は、ぜひ牡羊座に相談してみて。あなた自身が「何をしたいと思っているのか」を上手に引き出してくれるでしょう。

♈ この人にしてあげられること

　何事もスピード命の牡羊座です。瞬発力に優れ、思ったことはすぐに口にしてしまうため、そのストレートなものの言い方は誤解を招いてしまうことも。常に周囲を気遣い、皆が気持ち良く過ごせるように配慮する、天秤座のあなた。「相手が受け止めやすい言葉を選んで、時には遠回しに伝えることも大切」と教えてあげましょう。牡羊座に悪気はありません。「言葉使いを工夫するだけで、スムーズに伝わることもある」とすぐに気づいてくれるはずです。

牡牛座の相手

04/20〜
05/20生まれ

この人から学べること

　牡牛座はものの本質を見極める目を持っています。「これは本当に価値があるものだろうか？」と熟考するので、何事もソツなくこなす天秤座のあなたからすると、少しのんびりした印象を受けるかもしれません。しかし、一度エンジンがかかった牡牛座の快進撃には目を見張るものがあります。器用さゆえに1つのことにじっくり向き合うことが少ない天秤座のあなたに「考え抜いて得た確信は、困難を乗り越えるバイタリティーになる」と教えてくれるはず。

この人にしてあげられること

　コツコツと着実に歩みを進めるのが得意な牡牛座。「自分のやり方」を大切にするので、「ここは譲れない！」とちょっと頑固になってしまう一面も。そんな時は、相手の感情を察しながら、上手に意見を伝えることができる天秤座のあなたが、「もう少し柔軟に考えてみよう」と提案してあげてください。どんなやり方にも、それぞれ利点や魅力があることを知れば、牡牛座も「情報やルールをアップデートしていく大切さ」を学んでくれるでしょう。

双子座の相手
05/21〜06/21生まれ

Ⅱ この人から学べること

　双子座はフットワークが軽く、新しいものに詳しい情報通です。天秤座のあなたと同じく、社交的で交友範囲も広いため、双子座を通じて新たな友人や出会いが広がっていくでしょう。互いにいいところを刺激し合い、ないものを補い合える関係が築けます。周囲の和を乱さないように、何かと自分を抑えがちなあなたですが、双子座と過ごしていると「もっと自由に"自然体の自分"を表現してもいいんだ！」と肩の力も抜けてくるはず。

Ⅱ この人にしてあげられること

　頭の回転が速く、器用な双子座。「何でもできる人」と周りに評価されているため、落ち込んでいる姿をあまり人に見せたがりません。「失敗したところなんて見せられない」と気持ちを隠しがちです。雰囲気や気配を敏感に察する天秤座のあなたですから、元気がなさそうな双子座を見かけたら、「大丈夫？」と声をかけてあげましょう。「ミスをしても失敗しても、応援してくれる人がいる」ことを知れば、前に進む勇気を取り戻してくれるでしょう。

蟹座の相手

06/22〜07/22生まれ

♋ この人から学べること

　世話好きで心優しい蟹座は、人との縁をとても大切にします。一度親しくなった人には欠かさず連絡をとり、いつでも気にかける深い愛情の持ち主です。外交的なあまり、関係を深めるよりも人脈を広げることに意識が向きがちな天秤座のあなた。「じっくりと長く縁を育てるからこそ、見えてくる魅力がある」ことを、仲間を大切にする蟹座の姿から教えてもらえるでしょう。表面上のつき合いから、1歩踏み込んだ関係を育てることができるはずです。

♋ この人にしてあげられること

　蟹座はとても感受性が豊か。時に感情がたかぶると、急に泣き出してしまったり、暗い顔をして落ち込んでしまうことも。状況に応じて最適な対応ができる天秤座のあなた。落ち込んでいる蟹座を見かけたら、「何でも相談して」「話ならいつでも聞くよ」と勇気づけてあげましょう。「ポジティブでいることが、幸運を引き寄せる第1歩」であることを伝えてあげて。あなたの言葉に、蟹座もネガティブな気持ちをパッと切り替えてくれるでしょう。

獅子座の相手

07/23～08/22生まれ

♌ この人から学べること

　太陽のような明るさを持つ獅子座は、天秤座のあなたを何かとサポートしてくれる存在。物事の決断や二者択一で迷った時には、「頑張れ！」「大丈夫だよ」とあなたの背中を押してくれるでしょう。誰に対しても堂々と振る舞い、朗らかな笑顔を絶やさないその姿を見ていると、自然に勇気が湧いてくるはず。獅子座は「この人が応援してくれるなら、もう少し頑張れそう」とあなたをポジティブな気持ちにさせてくれる、心強い味方です。

♌ この人にしてあげられること

　獅子座は責任感が強く、とても世話好きです。困っている人を放っておけないので、頼られると何でも引き受けてしまいます。時には自分の時間を削ってまで、人のために動くことも。その点では似た部分のある天秤座のあなた。だからこそ「優先順位を見失わずに、できる範囲でつき合うことも大切」ということを獅子座に教えてあげて。「人を助けられるのは、自分が元気であればこそ」とわかれば、獅子座も自分を大事にしてくれるでしょう。

乙女座の相手

08/23～09/22生まれ

♍ この人から学べること

　まじめで几帳面な乙女座は、知的で上品な雰囲気が魅力です。天秤座のあなたと感性がよく似ているため、一緒にいると安心できる相手でしょう。乙女座は、物事を細部まで分析する緻密さと冷静な目を持っているので、頭が混乱している時に悩み事を相談すると、的確なアドバイスがもらえるはず。あなたの立場に立って、あれこれ考えてくれる親身な姿に「状況を冷静に判断して、客観的に捉えることの大切さ」を学ぶことができるはずです。

♍ この人にしてあげられること

　乙女座は責任感が強く、少し神経質なところがあります。ルールや規律をとても大切にするため、それを守れない人を見ると感情的になってしまい、強い言葉で批判することも……。そんな時は、人の気持ちを汲み取ることが上手な天秤座のあなたが「相手を批判することと、注意することは似ているようで違う」と伝えてあげて。「頭ごなしに責めるのではなく、冷静に言葉を伝えることが大切」であると、乙女座も気づいてくれるでしょう。

天秤座の相手　09/23〜10/23生まれ

♎ この人から学べること

　気を使わずに何でも打ち明けることができる相手、それが、あなたと同じ星座に生まれた天秤座です。好きなものや、興味を引かれるものがよく似ているので、一緒にいるだけで楽しい時間を過ごすことができるでしょう。1人では「できないかもしれない……」としり込みしてしまうことも、天秤座がいるだけで「よし、やってみよう！」と不思議な勇気をもらえるはず。自分のことを理解してくれる人がそばにいる心強さを、実感させてくれるでしょう。

♎ この人にしてあげられること

　周囲に気遣いするあまり、自分のことは後回しになりがちな天秤座。つらい時や困った時も、「私さえ我慢すれば」と1人で抱え込んでしまうことが多いでしょう。そんな時、落ち込んだ天秤座に真っ先に声をかけることができるのは、天秤座のあなたです。同じ星座同士、感性にも共通点が多いので、あなた自身が落ち込んだ時に、「こうしてもらえたらうれしい」と思うことは積極的にしてあげましょう。きっと喜んでもらえるはずですよ。

蠍座の相手

10/24〜11/22生まれ

♏ この人から学べること

 ミステリアスな雰囲気を持つ蠍座は、鋭い洞察力の持ち主。何気ない日常会話の中で、誰もが見て見ぬ振りしていることを指摘したり、人々が見落としている物事の核心をズバリと突いたりもします。何事も平和に、円満に収めたいと願う天秤座にとって蠍座は「何を言い出すかわからない人」という印象があるかもしれません。でも蠍座の人の顔色をうかがわない強さは憧れでもあるはず。蠍座から「自分の信念を曲げずに貫く強さ」を学べるでしょう。

♏ この人にしてあげられること

 蠍座は口数が少なく、感情を表現するよりも自分の内側にためがちです。あまり表情にも出ないので「何を考えているのかわからない」と周囲に思われてしまうことも。そんな時は社交的で、交友範囲の広い天秤座のあなたが声をかけてあげましょう。「一緒にやろうよ」「今、何をしているの？」と積極的に接することで、蠍座も徐々に打ち解けてくれるはず。「感じたことを人と共有するおもしろさ」を知り、人の輪の中に自然に溶け込んでくれるでしょう。

射手座の相手

11/23～12/21生まれ

この人から学べること

好奇心旺盛な射手座は、たくましい行動力を持っています。気になるものがあれば、すぐに挑戦するフットワークの軽さが魅力的。幅広いネットワークを持つ天秤座のあなたが「これ、知ってる？」と話を振れば、すぐさま「試してみよう」「今から行ってみよう」と応えてくれるでしょう。打てば響くようなやりとりに「1つのものを膨らませていく楽しさ」を味わうことができるはず。一緒ならどんなことでも楽しめそうな相手、それが射手座です。

この人にしてあげられること

何よりも「自由」であることを大切にする射手座は、少し時間に対してルーズなところがあります。自分のスケジュールを優先して時間配分をするので、ついつい集合時間や開始時間に遅れてしまうことも。そんな時は、コミュニケーション上手な天秤座のあなたが「次はもう少し早めに行動しよう」とさりげなく伝えてあげましょう。射手座が「自由」を優先するように、ほかの人も優先させるものがそれぞれあることを知れば、足並みをそろえてくれるはずです。

山羊座の相手

12/22〜
01/19生まれ

♑ この人から学べること

　山羊座は勤勉で、とても努力家。周囲から「難しいのでは？」と言われた目標も「実現させたい！」という信念の元、達成していく意志の強さを持っています。対して、何事も器用にこなすため、努力することが少し苦手な天秤座のあなた。夢に向かって着実に進む山羊座の姿に「本気になって取り組むことで、どんな課題も乗り越えることができる」ことを教えてもらえるはず。自分に眠っている可能性の大きさに、改めて気づかされることでしょう。

♑ この人にしてあげられること

　冷静で責任感の強い山羊座は「皆の前であわててはいけない」と感情を隠してしまいがち。困ったことが起きても人に相談せず、自分１人で解決しようとします。ピンチの時こそ、協力し合って乗り越える大切さを知っている天秤座のあなた。「１人で抱え込まずに、一緒に考えよう」と提案してあげましょう。「人に話すと、ふとしたきっかけで解決策が浮かぶこともある」ことがわかれば、山羊座も少しずつ、悩み事を打ち明けてくれるようになるはずです。

水瓶座の相手

01/20〜02/18生まれ

♒ この人から学べること

　天秤座のあなたが思いついたアイデアを、新しい角度から大きく膨らませてくれるのが水瓶座です。知的で洗練された雰囲気を持つあなたと同じく、水瓶座も知識が豊富で、革新的な考えを持っています。「こんなことを考えているんだけど」とひと言告げるだけで、斬新な切り口からハッとするようなアドバイスをくれるはず。「1つのことを一緒に盛り上げていく楽しさ」や「アイデアを実現させていく手応え」を学ばせてくれるでしょう。

♒ この人にしてあげられること

　水瓶座は常識や既存の枠にとらわれず、「自分の個性」を大切にします。少しマイペースなところもあるので、グループで作業している間も何かと個人行動に走りがち。メンバーの気持ちを気遣いながら、集団をまとめるリーダーシップを持っている天秤座のあなた。「一緒にやろう」と水瓶座を誘ってあげましょう。メリハリをつけて「ここは皆でやるところ」と教えてあげれば、「和を乱さず、協力するところは協力する大切さ」が伝わるはずです。

魚座の相手

02/19〜
03/20生まれ

♓ この人から学べること

　人を思いやる、繊細な心を持つ魚座。想像力が豊かで、直感で物事を判断していくため「どうしてもっとしっかり考えないの？」と心配になってしまうかもしれません。しかし、自分のインスピレーションを素直に受け止め、思ったままを口にする魚座の無邪気な姿は、いつも周囲の目を気にして「きちんとしないと！」と気を張っている天秤座のあなたに、安らぎをもたらしてくれるはず。「私も素直になってみようかな」という気持ちにしてくれるでしょう。

♓ この人にしてあげられること

　魚座は感性がとても豊かな星座です。誰も気づかないような、目に見えない微妙な変化や違いも敏感に察知します。ただ、「自分が気づくのだから、ほかの人も気づいているはず」と思い込み、言葉で伝えることを後回しにしがち。言葉でのコミュニケーションをとても大事にしている天秤座のあなた。「思っていることを言葉にして伝える大切さ」を魚座に教えてあげて。「気持ちを共有する楽しさ」がわかれば、積極的に話してくれるようになります。

巻末特典

GENIE'S
PHOTO HEALING

願いを叶えるフォトヒーリング

　僕たちは普段「これがないからうまくいかない」「これが
できないから幸せになれない」……そんな風に思い込んで
います。でも 100 万円が手に入った時の幸福感と、500 円
のケーキを食べて「おいしい」と感じる時の幸福感には、
実はそう違いはありません。つまり、幸せというのは心が
満たされることで得られる「状態」のことであり、きっか
けとなる物や状況そのものにはあまり意味がないのです。

　もっとも簡単に「心が満たされた幸せな状態」を作り出
す方法、それが「空想」です。イメージの中でしたいこと
をすれば幸せな気持ちになります。そしてそれに引き寄せ
られるようにして、次々と「幸せなこと」が現実に起こる
ようになります。ウソのようですが、これがこの世界の仕
組みです。こんな素敵な奇跡を実現できるのが「フォトヒ
ーリング」です。あなたもぜひ、体験してみてくださいね。

フォトヒーリングの方法

あなたの空想を広げるために、特別な「写真」を僕自身が撮影しました。この写真を使うことで、あなたの想像の翼をのびのびと羽ばたかせることができるでしょう。まず深く呼吸をしてリラックスしたら、本を手に持ち、写真を眺めます。次に左ページに書かれているテキストを読み、目を閉じます。写真の光景を心に思い浮かべながら、書かれたメッセージに沿ってイメージを広げてみましょう。心が「満足した」と感じたらそこで終了です。

GENIE'S PHOTO HEALING 001

自分の幸せを見つける
フォトヒーリング

あなたはあるパーティーに招待されて、
美しくセッティングされた
テーブルに案内されました。

これからどんなパーティーが始まりますか？
どんな料理やデザート、
飲み物が出るでしょう？
どんな服を着ていますか？
自由にイメージしてみてください。

Photographed by Genie

ここでイメージしたものは、あなたを幸せにしてくれるイベント、料理、色、香り、ファッションなどです。繰り返しの日々にイライラしている時に、ぜひこのヒーリングを行ってください。イメージしたものを実際に取り入れてみるのもいいでしょう。

GENIE'S PHOTO HEALING　002

夢を再確認する
フォトヒーリング

あなたは外国の街で
イルミネーションを眺めています。

旅先で素晴らしい体験をして、
今、どんな気持ちでしょう？
１人旅でしょうか？
それとも誰かと一緒でしょうか？
その相手は？
自由にイメージしてみてください。

Photographed by Genie

イメージに登場したことの中に、あなたが人生でぜひ体験してみたいこと、掲げている夢、そばにいてほしい人などのヒントがあります。何となく「毎日がつまらない……」と感じる時や、人生の目標が見つからない時に、このヒーリングをどうぞ。

FUTURE OF A LIBRA
天秤座の未来 ──おわりに──

　あなたが人づき合いにおいて、涙ぐましいほどの努力をしていることに、多くの人は気づいているはずです。言いたいことをグッとこらえたり、時に空回りしたり、裏切られたり、落胆することもあるでしょう。

　それでもあなたが人と関わることを止めないのは、あなたはあらゆる人の中に「いい部分」を見出せる人だから。どんなに平凡な人にも、そして意地悪な人にも、キラリと光る「何か」を見つけることができるのです。

　だからこそどんな人のことも放っておくことはできません。その素晴らしいものに確信があるからこそ、あなたは最後まで人とわかり合うことを諦めないのでしょう。

　その美しい、光るものの正体は「愛」。もちろんそれはあなた自身の内にも存在しています。

　あなたは愛を信じ続ける人であり、それを体現していく人です。愛を持っていれば、どんな人ともわかり合うことができる。誰かを傷つけたり、人を押しのける必要なんてないということをあなたは知っています。

　隣人へのちょっとした思いやりさえあれば、誰も傷つかず、平和でいられるのです。

　そんなあなたの幸せと活躍を、世界は待っています。あなたにこれを言っても難しいとは思いますが、どうぞ周りの人の目はそれほど気にしなくてもいいので、あなたが「いい」と思うものを、たくさんの人に広めてください。

　そしてあなた自身が幸せになることも忘れずに。

ジーニー

星座境目表

あなたが生まれた日に太陽がどこにあったかを示すのが12星座です。
そのため年によって、星座の境目は変わることがあります。
下の表が本書で取り上げている【天秤座】の期間になります。
(これ以前は【乙女座】、これ以降は【蠍座】になります)

年	月日	時間	～	月日	時間	年	月日	時間	～	月日	時間	年	月日	時間	～	月日	時間
1941	09/23	19:33	～	10/24	04:26	1967	09/24	02:38	～	10/24	11:43	1993	09/23	09:23	～	10/23	18:37
1942	09/24	01:17	～	10/24	10:14	1968	09/23	08:27	～	10/23	17:29	1994	09/23	15:20	～	10/24	00:36
1943	09/24	07:12	～	10/24	16:07	1969	09/23	14:07	～	10/23	23:11	1995	09/23	21:13	～	10/24	06:31
1944	09/23	13:02	～	10/23	21:55	1970	09/23	19:59	～	10/24	05:04	1996	09/23	03:01	～	10/23	12:19
1945	09/23	18:50	～	10/24	03:43	1971	09/24	01:45	～	10/24	10:53	1997	09/23	08:56	～	10/23	18:14
1946	09/24	00:41	～	10/24	09:34	1972	09/23	07:33	～	10/23	16:41	1998	09/23	14:38	～	10/23	23:59
1947	09/24	06:29	～	10/24	15:25	1973	09/23	13:21	～	10/23	22:29	1999	09/23	20:32	～	10/24	05:51
1948	09/23	12:22	～	10/23	21:17	1974	09/23	18:59	～	10/24	04:10	2000	09/23	02:29	～	10/23	11:47
1949	09/23	18:06	～	10/24	03:02	1975	09/24	00:56	～	10/24	10:06	2001	09/23	08:04	～	10/23	17:25
1950	09/23	23:44	～	10/24	08:44	1976	09/23	06:49	～	10/23	15:58	2002	09/23	13:55	～	10/23	23:17
1951	09/24	05:37	～	10/24	14:35	1977	09/23	12:29	～	10/23	21:39	2003	09/23	19:47	～	10/24	05:07
1952	09/23	11:24	～	10/23	20:21	1978	09/23	18:26	～	10/24	03:37	2004	09/23	01:31	～	10/23	10:48
1953	09/23	17:06	～	10/24	02:05	1979	09/24	00:17	～	10/24	09:27	2005	09/23	07:24	～	10/23	16:42
1954	09/23	22:56	～	10/24	07:56	1980	09/23	06:09	～	10/23	15:17	2006	09/23	13:03	～	10/23	22:25
1955	09/24	04:41	～	10/24	13:42	1981	09/23	12:06	～	10/23	21:12	2007	09/23	18:51	～	10/24	04:14
1956	09/23	10:35	～	10/23	19:34	1982	09/23	17:47	～	10/24	02:57	2008	09/23	00:44	～	10/23	10:08
1957	09/23	16:26	～	10/24	01:23	1983	09/23	23:42	～	10/24	08:54	2009	09/23	06:18	～	10/23	15:42
1958	09/23	22:09	～	10/24	07:11	1984	09/23	05:33	～	10/23	14:45	2010	09/23	12:09	～	10/23	21:34
1959	09/24	04:09	～	10/24	13:10	1985	09/23	11:08	～	10/23	20:22	2011	09/23	18:05	～	10/24	03:29
1960	09/23	09:59	～	10/23	19:01	1986	09/23	17:00	～	10/24	02:14	2012	09/22	23:49	～	10/23	09:12
1961	09/23	15:42	～	10/24	00:46	1987	09/23	22:46	～	10/24	08:01	2013	09/23	05:44	～	10/23	15:09
1962	09/23	21:36	～	10/24	06:39	1988	09/23	04:30	～	10/23	13:43	2014	09/23	11:29	～	10/23	20:56
1963	09/24	03:24	～	10/24	12:28	1989	09/23	10:20	～	10/23	19:35	2015	09/23	17:20	～	10/24	02:46
1964	09/23	09:17	～	10/23	18:20	1990	09/23	15:56	～	10/24	01:14	2016	09/22	23:21	～	10/23	08:44
1965	09/23	15:06	～	10/24	00:09	1991	09/23	21:48	～	10/24	07:04	2017	09/23	05:02	～	10/23	14:26
1966	09/23	20:44	～	10/24	05:50	1992	09/23	03:43	～	10/23	12:57	2018	09/23	10:54	～	10/23	20:22

エンジェリック・メッセンジャー
ジーニー

Profile

占星術研究家。西洋占星術、タロット、ヒーリング、天使について独自の研究を行う。2004年に開設した「ジーニーの『助けてエンジェル』」は一躍人気ブログに。現在「Yahoo！占い 12星座占い」で毎日の運勢を連載しているほか、ウェブサイト「宇宙からのラブレター」、携帯電話サイト「月の癒し」など、様々な媒体で執筆を行う。著書に『ジーニーの奇跡を起こす「新月の願い」』（総合法令出版）、『幸運を引き寄せる12人の天使』（青春出版社）、『幸運を呼びこむガラクタ追放術』（サンマーク出版）など。『sweet特別編集占いBOOK』シリーズ（小社刊）では年に2回、12星座特集を監修し、読む人の心を癒やすエンジェリック・メッセンジャーとして人気を集めている。また現在、写真家としても活動中。

ブログ「ジーニーの『助けてエンジェル』」
http://helpmeangel.blog70.fc2.com

天秤座への贈り物

2015 年 8 月 22 日 第 1 刷発行

著者　ジーニー

発行人　蓮見清一
発行所　株式会社 宝島社
　　　　〒 102-8388　東京都千代田区一番町 25 番地
　　　　営業 ☎ 03-3234-4621
　　　　編集 ☎ 03-3239-1404
　　　　http://tkj.jp
　　　　振替 00170-1-170829　(株) 宝島社

印刷・製本　株式会社 廣済堂

本書の内容を無断で複写・複製・転載・データ
配信することを禁じます。
乱丁・落丁本はお取り替えいたします。

©Genie
©TAKARAJIMASHA 2015
Printed in Japan
ISBN978-4-8002-4384-3

ブックデザイン・イラスト　相馬章宏 (コンコルド)
写真　ジーニー
編集協力　山田奈緒子、平田摩耶子、
　　　　　万﨑優 (株式会社 説話社)
DTP　株式会社 アル・ヒラヤマ
企画・編集　春日彩衣子 (株式会社 宝島社)